JEANNE

La fuerza divina
de los
Ángeles

*Ilustraciones de
Iris Merlino*

LA TABLA DE ESMERALDA

Título del original:
DIE LICHTE KRAFT DER ENGEL

© De la traducción: MÓNICA SCHOLZ
© 2000. Schirner Verlag
© 2001. De esta edición, Editorial EDAF, S. A., por acuerdo con Schirner Verlag,
Darmstadt (Alemania).

Editorial EDAF, S. A.
Jorge Juan, 30. 28001 Madrid
http://www.edaf.net
edaf@edaf.net

I.S.B.N.: 84-414-0939-0

PRINTED IN U.S.A.   IMPRESO EN U.S.A.

Índice

Índice

Índice

Sobre ángeles, el esplendor y los mundos celestiales

Destello de esperanza,
la iluminación del corazón,
el brillo estelar de los mundos celestiales
acarician el alma en la proximidad de los ángeles.

Una luz centelleante,
chispas bailando cerca del cálido fuego,
el dulce aroma de las flores,
recuerdos de la riqueza del cielo.

Una sonrisa dibuja tu cara.
Un centelleo de luz ilumina la oscuridad.
El siguiente paso aparece de nuevo claro.
El camino se allana entre las sombras.

La intervención de los ángeles
invisibles, desconocidos, delicados y silenciosos,
al compás del corazón
te amparan bajo sus alas.
Están ahí, en el silencio.

(Jeanne Ruland)

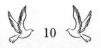

Agradecimientos de la autora

A los seres divinos les agradezco de corazón por guiarme y transmitirme esa alegría y ese vigor que me da fuerzas en todos los sentidos. Desde lo más profundo de mi corazón doy gracias a mis abuelos. Ellos me han proporcionado una base sólida y un buen lugar, han creído siempre en mí y me han apoyado con su amor de todas las maneras imaginables. También quiero expresar mi agradecimiento a mi compañero amado, Murat Karaçay, por su paciencia inagotable y por su apoyo, y a mis hijos Silva y Samuel, que han estado a mi lado con toda su ilusión. A Iris Merlino le quiero agradecer su extraordinaria colaboración, y a su marido, Giuseppe Merlino, su aprovisionamiento culinario.

Un enorme «gracias» va dirigido igualmente a todos aquellos que han hecho posible que nuestro proyecto se realizara, en primer lugar a Markus y Heidi Schirner. Un especial agradecimiento se lo brindo a la mujer más influyente de la editorial, Kirsten Glück, por todas las conversaciones relacionadas con el libro que tanto han servido para apoyarme. Un agradecimiento especial va dirigido también a Relisa, un grupo que trabaja con ángeles. En este grupo se me ha brindado la oportunidad de llevar a cabo los rituales y de experimentar sus efectos. Gracias también a Irmtraud, que tan cariñosamente se ha ocupado de mis hijos, a su familia, Uschi, Peter, Anja, y a Dani y su familia, a mi círculo de amigos de la Eifel, y a otros muchos y queridos amigos. Gracias a todos aquellos que, a través de sus sinceras llamadas, me han infundido ánimo. También merecen mi agradecimiento aquellas personas que han tenido el valor de contar públicamente sus experiencias con ángeles.

De este modo han contribuido muchas fuerzas buenas a que este libro sea una realidad. Gracias de todo corazón.

Jeanne Ruland

11

Agradecimientos de la ilustradora

Gracias...

... a mi guía espiritual. A todos los seres iluminados que me inspiraron y que guiaron mis manos. A todos los ángeles, cuyas energías pude plasmar y a todos aquellos que me ayudaron a realizar mis pinturas, los cuales a veces me despertaron por la noche y me exigieron materializar una forma determinada.

Doy las gracias por permitir que sirva de instrumento para transmitir esas energías extraordinarias; gracias por la confianza que habéis puesto en mí y por estar a mi lado.

Gracias a mi querido esposo Giuseppe, quien me apoyó desde el principio, que me dio fuerzas y me cuidó. Quien demostró tener toda la paciencia del mundo, mientras yo dedicaba la mayor parte de mi tiempo a pintar mis cuadros, sacrificando muchos momentos de estar a su lado. Él creó un ambiente de armonía, y en sus meditaciones pidió apoyo al reino divino y espiritual para mi trabajo. Gracias, Giuseppe, por tu amor y tu ayuda, y por poder contar en todo momento contigo.

Mi agradecimiento a mi amiga Jeanne, quien me apoyó en el camino, en principio dificultoso, que me condujo finalmente a liberarme de viejas cargas y de reunir el valor suficiente para seguir las directrices de mi corazón. Tú has cubierto mis espaldas y me has animado a pintar mis dibujos, que durante tanto tiempo esperaron a ser materializados. Gracias por tu paciencia, tu corazón abierto y por tu amistad.

Quiero igualmente expresar mi agradecimiento a Heidi y Markus Schirner por la confianza que demostraron en que este proyecto se llevara a cabo en tan poco tiempo. Gracias también por sus consejos y por su ayuda, que sirvieron para enfocar de una manera armónica todas las cartas. Gracias a Kirsten Glück y a todos los colaboradores de la editorial Schirner que contribuyeron a que este juego de cartas fuera publicado.

Muchas gracias a todas aquellas personas que me han ayudado en mi camino. Gracias a todos mis amigos y allegados por comprender que durante el tiempo que duró este trabajo tuviera poco tiempo para estar con todos ellos.

Iris Merlino

Prólogo

Dios duerme en las piedras.
Dios respira en las plantas.
Dios vive en los animales.
Dios espera en los hombres su despertar.
Los ángeles ayudan al hombre a abrir sus ojos.

Nos hemos propuesto como meta representar la acción del reino divino en una trilogía compuesta por un libro y un juego de cartas, además de volúmenes adicionales*. En este primer volumen pretendemos acabar con el tópico de que los ángeles son seres dulces con alas que se sientan sobre nubes rosas tocando el arpa y cantando el aleluya.

Los mundos divinos, sus acciones y los seres que a él pertenecen tienen mucho más que ofrecer que sonidos armónicos. Se trata, por el contrario, de fuerzas muy poderosas cuyas acciones, las dimensiones de su alcance y su inteligencia no se pueden calcular de forma aproximada. ¿Antepondría a la imagen de un ángel la frase «No temáis»? Los ángeles conducen a los «que buscan la verdad» a través de caminos difíciles y les someten a duras pruebas para que vayan despertando poco a poco. Cada uno de nosotros puede elegir trabajar con o en contra de estas fuerzas primarias.

Si nos unimos a las fuerzas espirituales/celestiales/angelicales, entonces estas nos ayudarán y se desarrollarán en nuestro interior. A través de ellas nuestra vida cambiará y nuestros horizontes se ampliarán. Desarrollaremos cada vez más cualidades para estructurar nosotros mismos nuestra propia vida, para ser conscientes de reconocer nuestra función en el aspecto divino y para aportar aquí nuestro granito de arena en la Tierra. Aprendemos a modelar la materia con nuestras propias fuerzas.

Con este juego queremos mostrar la sabiduría que anida en los ángeles y de qué manera se puede establecer contacto con ellos para así poder allanar el camino hacia nuevas experiencias. Muchas vivencias propias nos han llevado durante muchos años a transmitir estos conocimientos adquiridos y ampliados.

Gracias al contacto con estas fuerzas, nuestra vida se ha visto enriquecida, es más extensa y libre: ángeles son símbolos del amor. No habitan en un cielo lejano, sino

---

* Volúmenes posteriores *La presencia de los maestros* y *En el reino de los seres naturales*.

en nuestros corazones, y trabajan conjuntamente con nosotros a través de la fuerza de la intuición. Cuanto más permitamos que actúen en nuestra vida, más claramente se harán notar en nuestro día a día. En la obra *La fuerza divina de los ángeles* se pretende reconocer la presencia de estas fuerzas a través de las cartas, de imágenes y de rituales, invitar a que formen parte de nuestras vidas para unirnos de nuevo a nuestra verdadera naturaleza.

Lo que se dice sobre los ángeles

- En cada una de las facetas de una piedra preciosa vive un ángel.
- Los cantos de los pájaros se suelen considerar como cantos de ángeles; se dice que por las mañanas cantan los ángeles a través de los pájaros para que toda la naturaleza despierte; en general, se tiene la creencia de que los pájaros son los seres más cercanos a los ángeles.
- Los ángeles se reconocen también en las estrellas fugaces.
- En Malasia se consideran las «pecas» como besos de los ángeles.
- Cuando una niño esboza una sonrisa mientras duerme, se dice que los ángeles están jugando con él.
- Los ángeles aparecen en el resplandor del sol cuando se forma un arco iris.
- Cuando una persona practica ejercicios religiosos, los ángeles la ayudan.
- En todos los momentos importantes de transición o cambio están presentes ángeles.

Introducción

En verdad, en verdad os digo:
Veréis el cielo abierto,
y a los ángeles de Dios subir y bajar
sobre el Hijo del hombre.
(San Juan 1,51)

Cualquier ser vivo de la creación es penetrado, está impregnado, rodeado por fuerzas, y permite que estas actúen de forma consciente o inconsciente. En este libro me quiero referir a la acción de fuerzas divinas que anidan en todas las personas como semillas: los seres angelicales son la expresión de la creación y del creador. Son los mensajeros de esferas superiores y desempeñan su función en el reino de la perfección. No adoptan forma humana, a no ser en casos excepcionales. Aún hoy habitan en la Tierra ángeles personificados. Sin embargo, se trata de un número reducido en comparación con los ejércitos celestiales.

Existen diferentes significados para la palabra «ángel». Si consideramos que deriva del radical egipcio «ang», significaría «vida». El sufijo «el» tiene el significado de «luz divina». De esta manera la palabra «ángel» podría significar «los que viven en la luz divina». Si tenemos en cuenta la derivación del término griego «angelos», significaría «mensajero». La sílaba «el» quiere decir en la lengua hebrea de nuevo «Dios». Se podría deducir, pues, que ángel significa también «mensajero de los Dioses, de las fuerzas y de las virtudes divinas». Ellos llevan la luz divina allí donde son llamados o esta es requerida. Su servicio es impersonal. Ellos envían sus ofrendas y la luz divina con el fin de bendecir la creación. Su función es comparable a la de la luz del sol. Ilumina todo, ya sea justo o injusto, ya sea deseado o no deseado. Simplemente está.

Existen innumerables áreas de vibración y frecuencias diferentes en todo el universo, que crean reinos para sí y que se entremezclan. Personas especialmente sensibles y clarividentes pueden percibir estos reinos directamente a través de sus sentidos ejercitados. El hombre «normal» posee sentidos que no son tan receptivos, por cuya razón considera los reinos de los seres angelicales como reinos pertenecientes a la fantasía y a los sueños. Tan solo en casos de extrema necesidad o de «milagros», las personas se acuerdan de los «ayudantes invisibles». Sin embargo, no existe ningún planeta, ni ninguna forma de vida en el universo, capaz de sobrevivir y de cumplir con el encargo divino, en ausencia de seres pertenecientes a esferas más altas. Cuando un ángel abandona una forma viva de la creación es porque esta se debe de enfrentar con la muerte. Pero si la forma viva y el ángel establecen un vínculo más estrecho entre sí, la forma viva percibirá con mayor intensidad su acción y esto significará que comienza una etapa nueva.

Los ángeles son seres energéticos perfectos, que se pueden expresar en todas las posibles formas de la creación. Viven en reinos etéricos* perfectos fuera de la esfera astral** de nuestra Tierra. Estos reinos invisibles de gloria y bienaventuranza han sido denominados por los sabios como arcadias, elíseos, nirvana, paraísos, walhalla, shamballah, etc. Se trata de lugares de un poder inmenso y de una extraordinaria belleza. Las esferas y los mundos divinos de los ángeles se caracterizan por contener gran cantidad de armonía, paz y un amor infinito. Los ángeles no perciben nada negativo. Son seres perfectos. Se mueven entre fuerzas oscuras sin que estas los rocen o los ensucien.

Antes de que el hombre cometiera pecado mortal, la relación entre el hombre y los ángeles era algo normal. Cuando el hombre dejó de formar parte de la Unidad divina, los ángeles le entregaron «El libro de la sabiduría», la Cábala. Con la ayuda de todos los conocimientos que este libro contiene y con la guía de los ángeles, el hombre podrá alcanzar de nuevo la unidad con Dios. Los seres del reino espiritual están, y lo han estado siempre, dispuestos a guiar y conducir al hombre por el camino de la unidad. Son los intermediarios entre la pura energía divina y el hombre, el cual a su vez está expuesto a un sistema del bien y del mal que parece estar lleno de contrastes y de contradicciones.

Desde comienzos de la era de Acuario los misterios soterrados se hacen de nuevo más accesibles. Todas aquellas personas que se disponen a ello consiguen descifrar los secretos mejor guardados. Cada vez se percibe más la acción del reino espiritual en la vida cotidiana. Este libro debe contribuir a fortalecer la comunicación entre el hombre y los ángeles y a hacer que se sienta. Todo aquel que desde lo más profundo de su corazón lo desee, sentirá el amor, la guía, la ayuda y la fuerza de los ángeles en su vida.

---

* Éter: el «quinto» elemento y el menos material.
** Forma de energía.

¿Por qué estos ángeles
y de dónde vienen?

Como los ángeles discurren paralelamente a la historia del desarrollo de la humanidad, existe una gran cantidad de información acerca de los reinos espirituales. Esta muy difícilmente se llega a abarcar en un solo libro. Por esta razón, he decidido plasmar todos los conocimientos sobre los reinos espirituales de que dispongo en dos volúmenes. *La fuerza divina de los ángeles* es una instrucción práctica para trabajar con los ángeles y con sus cartas. En esta obra descubrirá cuál es la fuerza que encarnan los ángeles, qué mensaje transmiten y cómo se puede percibir su acción en la vida cotidiana. En situaciones difíciles de nuestra vida, los ángeles nos pueden brindar su apoyo, ofrecer su consuelo y posibles soluciones.

Sin embargo, *El gran libro de los ángeles** trata en detalle información muy extensa sobre «el reino espiritual». Aquí encontrará gran cantidad de conocimientos acerca del hombre y de los ángeles, la historia del desarrollo de la humanidad, diferentes conceptos del orden celestial en el transcurso de los tiempos, ejercicios y rituales adicionales a través de los cuales se puede establecer comunicación con los seres divinos del reino espiritual. También contiene un diccionario sobre ángeles de la A a la Z en el que aparecen nombres de ángeles y su significado.

En el caso de *La fuerza divina de los ángeles,* la cuestión es por qué se describen precisamente estos 56 ángeles que se citan aquí. Ellos son el resultado de nuestra investigación acerca de las diferentes teorías sobre las escuelas místicas nuevas y antiguas y nos parecieron muy adecuados para la época actual. El mundo divino nos guió y, en repetidas ocasiones, nos vimos obligadas a renovar nuestros conceptos y a cambiarlos. Fue un proceso especialmente creativo, con un movimiento interior y exterior que exigía una continua liberación. Únicamente cuando la fuerza de los ángeles estaba inspirada, plasmábamos imágenes y texto.

La asociación y las bases de los 56 ángeles que han «resultado» se configuran de la siguiente manera:

---

* Véase apéndice.

1. Ángeles que sirven a la humanidad

Se trata de innumerables legiones de ángeles que no pertenecen de manera personal a un ser humano. Pueden ser llamados en determinadas situaciones y procesos. Actúan en el hombre y están a su lado. Cuando han cumplido su función, vuelven de nuevo al reino espiritual. A este grupo de ángeles pertenecen el ángel de la sabiduría, Nathanael, el ángel con figura humana y las fuerzas angelicales divinas, ejércitos celestiales de los siete rayos. Nathanael, sus grupos de ángeles y el ángel de la sabiduría son dirigentes en el tiempo actual y apoyan al hombre a abrirse a esta calidad temporal.

2. Fuerzas angelicales personales

El grupo de ángeles personales se compone de siete ángeles. Se trata de ángeles que rodean a cada persona desde su nacimiento. Guían a estas personas a través de su camino en la Tierra, y cuando estas se han despojado de su hábito terrenal, las vuelven a acoger en su seno. Este grupo de ángeles trabaja muy estrechamente con el hombre. Cada persona posee un grupo de ángeles que corresponde a su desarrollo. A estas fuerzas angelicales personales pertenece también la fuerza celestial oculta, la cual solo puede ser descubierta por cada persona en su intimidad.

3. La doctrina de los siete rayos divinos

En este caso se trata de conceptos tradicionales que han adquirido una forma nueva. La doctrina de los siete rayos data por primera vez del año 1882, año en el que fue formulada por la sociedad teosofista y que se basa en la Cábala. Hasta el día de hoy se han formado a partir de esta doctrina diversas ramas y escuelas.

A los siete rayos pertenecen siete legiones de ángeles, siete arcángeles y su forma femenina adicional o complementos divinos, que sirven a la humanidad. Se trata de los «oficiales» de las siete legiones de ángeles. Siete Elohim y sus formas femeninas adicionales (dioses y diosas de la creación) actúan al frente de la totalidad del Universo. No solamente están al servicio de la humanidad, sino también sirven a otras formas vivas de la creación. Se encuentran por encima de los arcángeles y de sus complementos divinos.

La doctrina de los siete rayos contempla el concepto original de que lo masculino y lo femenino son inseparables, con el fin de que la fuerza divina sea completa. Dios no es solo nuestro Padre, como se nos ha ido enseñando durante los dos últimos milenios; Dios es padre/madre, hijo/hija, Espíritu Santo y amor activo. Las fuerzas son equiparables entre sí y se encuentran, en lo que respecta a sus correspondientes puntos esenciales, en igualdad de condiciones. Esto queda reflejado en el tiempo actual. Cada hombre lleva dentro de sí una parte femenina, al igual que cada mujer posee una parte masculina. Cada persona debe tratar de poner sobre una balanza ambas fuerzas en su interior, de adjudicarles un puesto equiparable y a la vez homogéneo. Esta sería una base fructífera para crear una nueva era dorada llena de paz.

Aquí les mostramos una pequeña tabla que nos puede ayudar a profundizar en nuestro trabajo con los ángeles de los siete rayos. En el caso de que, por ejemplo, el ángel de la fe (Lady Faith) entre en tu vida, puedes fortalecer tu unión o relación con ella a través de la música, las piedras preciosas, los aromas, etc.

❀ *El primer rayo azul zafiro* ❀
La voluntad de Dios

ELOHIM:	Hércules + Amazonia
ARCÁNGEL + SU COMPL. DIVINO:	Miguel + Lady Faith (ángel de la fe)
FUERZA ACTIVA:	Protección, fortaleza, poder + fe, fuerza, visión
SÍMBOLO:	Espada de luz, azul, con llamas + Manto de la protección
MELODÍA REPRESENTATIVA:	La marcha de *Margarita*, de Charles-François Gounod; Sinfonía 5, frase 1: *Pomp and Circumstance*, de Ludwig van Beethoven; «Panis Angelicus» de César Franck
PLANETA/DÍA/METAL:	Sol/domingo/oro
AROMA:	Verbena, pachulí, salvia
MINERALES:	lapislázuli, zafiro azul, aguamarina, topacio azul, piedra de la luna, haunita, azurita
MAESTROS:	El Moyra, Miriam
ÁNGEL:	Ángel del rayo azul
FUERZA ANGELICAL PERSONAL:	Ángel de la guarda, protector
TEMPLO DE LA LUZ:	Zúrich, Zürichsee (Suiza)

❀ *El segundo rayo amarillo dorado* ❀
La sabiduría de Dios

ELOHIM:	Casiopea (Apolo) + Minerva (Lúmina)
ARCÁNGEL + SU COMPL. DIVINO:	Jofiel + Lady Konstantia (Christine/ Ángel de la constancia)
FUERZA ACTIVA:	Sabiduría, paz, iluminación + contemplación, predisposición, percepción
SÍMBOLO:	El libro de la sabiduría + cáliz dorado
MELODÍA REPRESENTATIVA:	«O du mein holder Abendstern» (= «Oh tú mi benévola estrella de la noche»), de Richard Wagner; «Greensleeves», de Ralph Vaughan Williams
PLANETA/DÍA/METAL:	Júpiter/ lunes/ estaño
AROMA:	Vainilla, miel, bergamota, azahar, ciprés, melisa,
MINERALES:	Citrina, topacio dorado, ámbar
MAESTROS:	Confucio, Kuthumi, Buda
ÁNGEL:	El ángel del rayo dorado
FUERZA ANGELICAL PERSONAL:	El profesor, el maestro
TEMPLO DE LA LUZ:	Montaña de Teton, Montañas Rocosas, Wyoming, Norteamérica

❀ *El tercer rayo, el rayo rosa perla anacarado* ❀

ELOHIM:	Orión (Heros) + Angélica (Amora)
ARCÁNGEL + SU COMPL. DIVINO:	Chamuel + Lady Charity (ángel de la caridad)
FUERZA ACTIVA:	Adoración, caridad, entrega + misericordia, compasión, confianza
SÍMBOLO:	Corazón + rosa roja
MELODÍA REPRESENTATIVA:	«Marsellesa», de Claude Joseph Rouget de Lisle; «Still wie die Nacht» (= «Silencioso como la noche»), de Carl Bohm; Concierto para piano op.16, Adagio, de Edvard Grieg
PLANETA/DÍA/METAL:	Venus / martes / cobre
AROMA:	Magnolia, flor del cerezo, Ylang-Ylang, palo de rosa, hibisco, hisopo
MINERALES:	Cuarzo rosa, rubelita, rodocrosita, kunzita

MAESTROS:	Rowena
ÁNGEL:	El ángel del rayo rosa
FUERZA ANGELICAL PERSONAL:	El ángel de la compasión
TEMPLO DE LA LUZ:	Chateau de Liberté, Valle del Ródano Sur de Francia

❊ *El cuarto rayo, el rayo blanco como el cristal* ❊
La pureza de Dios – La luz de la Ascensión

ELOHIM:	Claridad (Purity) + Astrea
ARCÁNGEL + COMPL. DIVINO:	Gabriel + Lady Hope (ángel de la esperanza)
FUERZA ACTIVA:	Comienzo nuevo, resurrección, ascensión + equilibrio, esperanza, armonía
SÍMBOLO:	Lila blanca + agua de la pureza
MELODÍA REPRESENTATIVA:	«Liebestraum» (= «Sueño de amor». nº 3 As-Dur op. 16, y «Benediction de Dieu dans la Solitude» (= «Bendición de Dios en la soledad»), de Franz Liszt; Intermezzo de la «Cavalleria Rusticana», de Pietro Mascagni; Armónica de cristal y sonidos en sol mayor, de Johann Gottlieb Naumann
PLANETA/DÍA/METAL:	Luna/miércoles/plata
AROMA:	Jazmín, neroli, sal marina, cassia, davana, mirra, nardos
MINERALES:	Diamante, diamante Herkimer*, cristal de roca o cuarzo hialino, todos los cuarzos
MAESTROS:	Serapis Bey
ÁNGEL:	El ángel del rayo blanco
FUERZA ANGELICAL PERSONAL:	El ángel de la comunicación
TEMPLO DE LA LUZ:	Luxor en Egipto

❊ *El quinto rayo, el rayo verde esmeralda* ❊
La curación de Dios

ELOHIM:	Vista (Cyclopea) + Cristal (Virginia)
ARCÁNGEL + SU COMPL. DIVINO:	Rafael + la madre María (ángel de la consolación)

---

* Cristal de cuarzo muy raro. Su aparición se limita a las minas de Herkimer en el estado de Nueva York (EE.UU). *(N. de la T.).*

FUERZA ACTIVA:	Bendición, concentración, curación + consuelo, amor curativo, prosperidad
SÍMBOLO:	Vara de Esculapio + una rosa blanca
MELODÍA REPRESENTATIVA:	Coro de peregrinos de «Tannhäuser», de Richard Wagner; Melodía en fa mayor, de Anton Rubinstein
PLANETA/DÍA/METAL:	Mercurio/Jueves/Mercurio
AROMA:	Camelia, eucalipto, menta, tomillo, musgo de encina
MINERALES:	Verdelita, jade, diopsida, prehnita, prasio, venturina, piedra nefrítica, peridoto, malaquita
MAESTROS:	Hilarión
ÁNGEL:	El ángel del rayo verde
FUERZA ANGELICAL PERSONAL:	El ángel de la curación
TEMPLO DE LA LUZ:	Creta, Grecia

❀ El sexto rayo, el rayo rojo rubí-dorado ❀
El amor de Dios activo

ELOHIM:	Tranquilidad (Peace) + Pacífica (Aloha)
ARCÁNGEL + SU COMPL. DIVINO:	Uriel + Dona Gracia (Aurora/ Ángel de la misericordia)
FUERZA ACTIVA:	Paz, sinceridad, actuar + dar, misericordia, fuerza para actuar
SÍMBOLO:	Espada de fuego + la cruz de Jesús
MELODÍA REPRESENTATIVA:	«Serenade», de Franz Schubert; «Wiegenlied» (= «Canción de cuna»), de Johannes Brahms; «Finlandia-Suite», de Jean Sibelius.
PLANETA/DÍA/METAL:	Marte/Viernes/Hierro
AROMA:	Jengibre, hipérico, pimienta, romero, anís, bálsamo del Perú, tuya, canela
MINERALES:	Rubí, cornalina, granate, jaspe, espinela, coral
MAESTROS:	Lady Nada, Jesucristo
ÁNGEL:	El ángel del rayo rojo
FUERZA ANGELICAL PERSONAL:	El ángel de la compasión
TEMPLO DE LA LUZ:	Jerusalem (Israel)

❂ *El séptimo rayo, el rayo violeta púrpura* ❂
La transformación de Dios

ELOHIM:	Arturo + Diana (Victoria)
ARCÁNGEL + SU COMPL. DIVINO:	Zadquiel + Sagrada Amatista (ángel de la transformación)
FUERZA ACTIVA:	Transformación, libertad, perdón + intuición, entrega, desarrollo
SÍMBOLO:	Llama violeta + el tercer ojo
MELODÍA REPRESENTATIVA:	«An der schönen blauen Donau» (= «A la orilla del bonito Danubio azul») y «G'schichten aus dem Wienerwald» (= «Historias de los bosques de Viena»), de Johann Strauss; «Morgenstimmung» del «Per Gynt», de Edvard Grieg; «Spiral», de Vangelis
PLANETA/DÍA/METAL:	Saturno/Sábado/Plomo
AROMA:	Lavanda, espliego, enebro, incienso, tabaco
MINERALES:	Ametrina, sugilita, tanzanita, purpurita, caronita
MAESTROS:	Saint Germain, Lady Portia, Kuan Yin
ÁNGEL:	El ángel del rayo violeta
FUERZA ANGELICAL PERSONAL:	El maestro
TEMPLO DE LA LUZ:	Cuba; Islas Canarias; Transilvania; los Cárpatos; El Sudoeste de Europa Central

4. Los ángeles de la consagración

Los ángeles de la consagración son los ángeles de la Cábala. La Cábala es uno de los sistemas de conocimiento místicos originales más antiguos que aún se conservan. En este sistema están contenidas todas las doctrinas espirituales del mundo. Se dice que fue entregado a Adán por los ángeles después de su expulsión del Paraíso, para que el hombre algún día pudiera encontrar de nuevo el camino hacia el paraíso.

Los diez ángeles de la consagración son los guardianes de las puertas de los diferentes reinos espirituales, que el hombre debe vencer a lo largo de su desarrollo si desea seguir el plan divino. La clase y el mensaje de estos reinos pueden ofrecer ayuda, estímulo y providencia en nuestra vida cotidiana.

A continuación les ofrecemos un cuadro sinóptico sobre los ángeles de la consagración y posteriormente la representación del Árbol de la Vida de la Cábala en el cual se incluyen los ángeles con sus esferas correspondientes.

La fuerza divina de los ángeles

Guardián Celestial Posición / Rango	10 Nombres Santos de Dios 10 Jerarquías Celestiales	Cuerpos Celestial (Nombre Hebreo)
Sandalfon 10 • Ischim	Adonai Melek (rey de la Tierra)/ Hombre, Maestro	Tierra (Olam Iesodot)
Gabriel 9 • Querubín	Schadai el-Haiä (todopoderoso; Dios viviente)/Ángel (Angeloi)	Luna (Levana)
Raphael 8 • Bne Elohim	Elohim Tsebaot (dios de las legiones celestiales) / Arcángel (Archangeloi)	Mercurio (Kokab)
Haniel 7 • Elohim	Jehová Tsebaot (Dios de las legiones celestiales), complementos divinos (fuerzas primitivas, principados)	Venus (Noga)
Mikael 6 • Malachim	Daath (entendimiento supremo, Dios materializado)/fuerza celestial, poderío, Exusiai, lo evidente, Elohim/Elohae	Sol (Schemesh)
Kamael 5 • Seraphim	Elohim Gibor (Dios de los sacrificios), poderío, Exousai, Dynameis, fuerzas universales	Marte (Maadim)
Tsadkiel (Zadquiel) 4 • Haschmalin	El (Dios, el señor)/dominios, Kryotetes, guías universales	Júpiter (Tsedek)
Tsafkiel (Zafquiel) 3 • Aralim	Jehová (Dios, el creador)/trono	Saturno (Schabtai)
Rasiel (Raziel) 2 • Ophanim	Iach (Dios, la persona)/ Querubín, cuatro caras de Diosa	Neptuno (Maslot), Zodiaco
Metatrón 1 • Haiot, Ha-Kodesh	Ehie (yo soy /quiero ser)/Seraphim, los que se asoman a Dios, los ardientes	Urano (Raschit Ha-Galgalim)
Aloha van Daath X • Aloha	El Dios que se hace realidad en la esfera del espíritu humano/lo invisible	Plutón

Reino Propiedad	Fuerzas Activas Símbolo	Antagonista Fuerza Contraria
Malkuth, Perfección	Fuerzas de la tierra, mujer joven con corona y trono	Lilith, captura en la materia
Jesod, Fundamento, base, principio	Los sentimientos intensos, hombre bello, fuerte y desnudo	Gamaliel, engaño e influencia a través de la emoción
Hod (Chod), Gloria, esplendor	Los reyes, reino de Dios, información universal, hermafrodita	Samael, información defectuosa
Ne(t)zach, Victoria, poder	Fuerzas, principio, amor divino, los dioses, diosas Mujer bella y desnuda	Harab Serap, actuaciones, en su caso la fuerza del corazón, odio
Tipharet (Tiferet), Belleza, equilibrio	Conciencia divina, hijos de los dioses de un niño, un dios inmolado (ego)	Togarni, inconsciencia, oscuridad
Geburah, energía, fuerza, severidad	Fuerza de voluntad, las serpientes ardientes, guerreros poderosos	Golleb, empleo de fuerza y voluntad contra la fuerza de la creación
Hesed (Chesed), Gedula, misericordia, compasión	Sensación, el ser resplandeciente, rey poderoso con corona y trono	Gamchicoth, Inclemencia. Rohht, Crueldad
Bina (h), razón, entendimiento	Entendimiento el servidor, el trono, una figura de madre	Sathariel, Ego, solo cuenta el entendimiento
Hokmah (Chochma), Sabiduría	Saber universal, las ruedas, una figura masculina barbuda	Chagidiel, ignorancia, entrega
Kether, Corona	Fuerza creadora rey barbudo de perfil	Thalimiel, sensación de víctima, subestima de la fuerza divina
Daath, Lo oculto	El no, lo no patente, la aparición de Dios, las criaturas sagradas	Maya, inconsciencia, colectiva, ilusión, injusticia

El Árbol de la Vida de la Cábala

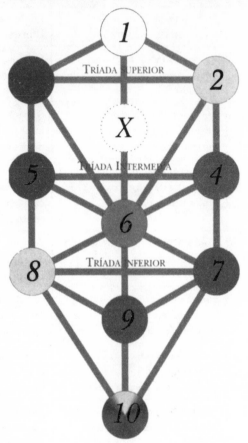

5. Las fuerzas de la oscuridad

Aquí se hace alusión a las fuerzas oscuras. A ellas pertenecen los demonios, así como Lucifer, Ahrimán y Satán. Son los «jugadores antagónicos» que actúan en nuestros tiempos actuales. Han sido incluidos en el interior de este libro y sirven para el propio proceso de reconocimiento: peligro reconocido, peligro conjurado. Estas fuerzas también precisan de una base fructífera para adquirir poder en la vida de una persona.

Práctica

La actuación de los seres divinos

Preparación
La visita al lugar sagrado

Antes de establecer contacto con los ángeles, es recomendable visitar el «lugar sagrado» de tu interior. Emprende el camino y prepárate a recibir la fuerza de los ángeles. Es aconsejable mover tu cuerpo antes de buscar tu lugar sagrado interior. Baila, salta, muévete. Puede resultar beneficioso hacer incluso un poco de ruido. Murmura, silba o canta. Expresa durante un par de minutos a través del movimiento y de tu voz todo aquello que sientas en ese momento. Esto te ayudará a liberar tensiones y tranquilizará tus sentimientos. La energía bloqueada comenzará a fluir. Después de la actividad, percibirás la calma como algo reconfortante y no forzado. Ahora, ya puedes comenzar el viaje hacia tu punto de fuerza interno personal.

Ponte cómodo. Inspira y espira. Imagínate que caminas por encima de un puente que se encuentra en el mundo exterior y que te diriges hacia tu mundo interior. Intenta visualizar y sentir la presencia del puente e intenta asimismo percibir el mayor número de sensaciones de tu entorno. Cuanto más camines sobre el puente, más se irá alejando de ti el mundo al que pertenece tu vida cotidiana. Una vez hayas cruzado el puente, encontrarás ante ti una enorme catarata de agua o una ducha de luz. Atraviesa la catarata. Esta luz que fluye desde arriba se lleva consigo toda la negatividad. Observa cómo tu campo energético luce de nuevo lleno de luz y de claridad. La catarata te purifica y protege la visión de tu reino interior. El mundo exterior queda atrás definitivamente.

Has llegado. Penetra en tu reino sagrado detrás de la catarata. ¿Qué ves? ¿Cómo te sientes? Mira a tu alrededor. ¿Ves un paisaje marítimo, montañas, una selva tropical o un paisaje que aquí realmente no existe?

Sigue el sendero hacia tu santuario. Entra en él. Puede tratarse de una catedral de piedra, de una pequeña capilla, de una iglesia, de una cueva. Se trata de un lugar que está pensado especialmente para ti. La entrada a este lugar está protegida por uno o varios ángeles. Entra. Intenta percibir cómo es el lugar. ¿Es grande o pequeño? ¿Qué colores predominan? ¿Qué sonidos escuchas? Trata de concebir el lugar con todos tus sentidos. Aquí te encuentras protegido y seguro. Aquí estás bendecido. Porque solo tú y los ángeles conocéis este lugar. Aquí podrás establecer contacto con toda tranquilidad con los reinos superiores. Para ello existen diferentes caminos. En este libro te los describiremos. Aquí podrás trabajar también con las cartas de los ángeles y con los textos.

Cuando haya terminado tu viaje, expresa tu agradecimiento a las fuerzas superiores a tu manera, atraviesa de nuevo la catarata y cruza el puente para regresar a tu vida cotidiana.

Trabajar con las fuerzas angelicales

Las cartas

Tiradas de cartas

Cuando hayas llegado al «lugar sagrado» en tu interior, concéntrate en tu situación actual o en aquella cuestión que te preocupe o quizá simplemente en aquello que para ti sea importante averiguar.

Mezcla las cartas, extiéndelas con el dorso hacia arriba, hacia ti, y extrae, preferentemente con la mano del corazón (es decir, con la mano izquierda) las cartas, una o más, según el método de tirada del que se trate. Antes de interpretar el significado de las cartas, permite que actúen sobre ti. En ocasiones ya te están hablando a través de sus colores o de sus símbolos. Permanece en silencio y escucha: tú percibes su voz, no solamente a través de tus pensamientos, sino a través de tus sensaciones —calor, un golpe de aire, un cosquilleo en la nariz— y de sentimientos. Siente hacia tu interior.

Puedes beneficiarte de las cartas...
... para aclarar una situación en tu vida
... para meditar
... para tener presente siempre esta fuerza en tu día a día
... para activar esta fuerza
... para disfrutar con ella

Cuando hayas contemplado las cartas y hayas dejado que actúen sobre ti, el texto que las acompaña puede ayudarte a interpretar el mensaje de los ángeles y sugerirte cómo activar su fuerza y de qué manera te pueden beneficiar en tu situación actual.

Los textos

Trasfondo

Aquí se nos informa acerca del ángel. Nos encontramos, en función de la correspondencia que tenga el ángel con respecto a la Cábala, con informaciones históricas, el origen, la función y/o la descripción del ángel.

Significado de la carta

En este apartado se resume la indicación cifrada del ángel que en este momento actúa en tu vida. Aquí encontrarás los consejos que buscabas en respuesta a tu pregunta. El significado te indicará qué mensaje del ángel es importante para ti en este momento. El mensaje del ángel resume en pocas palabras la esencia de la carta.

Ritual

Los rituales sirven para establecer contacto con los mundos invisibles y para impulsar las fuerzas que allí habitan hacia nuestra vida actual. A través de los rituales angelicales, el hombre se comunica con los reinos superiores. La fuerza angelical obtiene de esta manera el permiso para trabajar con el hombre y para actuar a través de él. En el ritual, la razón se sitúa en el lugar adecuado, y las fuerzas espirituales, inmensamente superiores y extensas, pueden actuar.

Una forma de ritual consiste en viajar hacia los mundos interiores. Estos viajes resultan tan reales como los viajes a mundos externos. Viajando al mundo de los ángeles, sus fuerzas pueden ser estimuladas. Cuando el puente entre el mundo interior y el mundo exterior se rompe, el hombre es capaz entonces de comprender que no existen las casualidades y que es él el que contribuye a crear las circunstancias del mundo exterior.

Ritual del campo de fuerza

Se trata de rituales de la forma subordinada. En este caso, el hombre es llamado a disponer de sus fuerzas para un servicio superior y crear con ello un área o campo de fuerzas. Aquí gobiernan las fuerzas colectivas, las fuerzas de la comunidad del hombre como un todo, fuerzas que cada persona es capaz de influenciar con su vida. Se crea un área o campo de fuerzas cuando, por ejemplo, muchas personas rezan al mismo tiempo por la paz, bailan, meditan, etc. Pero también tú puedes comenzar a generar un campo de fuerzas por ti mismo: simplemente meditando con los símbolos de las cartas, estarás creando un campo de fuerzas.

Oración

La oración puede ser utilizada en cualquier momento. Se trata de la manera más rápida y efectiva de establecer contacto con las fuerzas divinas y de activarlas. Se considera como el «ascensor» hacia Dios. Aquí debemos tener en cuenta que las palabras que se dicen salen directamente del corazón. También en este caso existen muy diversas posibilidades de expresión: arrodillarse, juntar las manos, inclinarse, glorificar, dar las gracias, pedir, expresar un deseo, una palabra, una frase. Ten cuidado con aquello que digas, puede convertirse en realidad. Las oraciones que se presentan aquí están pensadas como una propuesta y como un estímulo.

Invocación

Las invocaciones son una forma reforzada de la oración. En este caso estás llamando con tu fuerza a una fuerza superior a ti. La invocación deberías realizarla tres veces seguidas para conseguir aunar las energías y para que se transmita la invocación con mayor fuerza. Después, permanece en silencio y siente lo que ocurre. En ocasiones, se trata de una sensación de calor en un determinado punto del cuerpo. A veces es una presión en una parte concreta del cuerpo o una sensación fulgurante. Deja que ocurra lo que tiene que ocurrir. ¡Ten confianza!

Mantra

Un mantra es una frase que consta de sílabas sagradas. Actúan de forma parecida a las afirmaciones. En un mantra las fuerzas espirituales son activadas. Cuando se trata de sílabas que no conocemos y las repetimos rítmicamente de manera continua, entonces tranquilizan el espíritu y los sentimientos y hacen posible que una fuerza superior pueda actuar a través de nosotros. Un mantra conduce la razón a la calma y estimula la energía «santa».

Afirmación

Una afirmación es una frase que, a base de repetirla continuamente, se va cargando de energía. En una afirmación las fuerzas son activadas con la ayuda de un plano espiritual. De esta manera, la energía consigue condensarse y se puede manifestar en el mundo material.

Los reinos invisibles actúan más allá del espacio y del tiempo. Un minuto puede significar la eternidad, y viceversa. Cuando hayas recargado durante un cierto tiempo la frase con energía, suéltala.

Métodos de echar las cartas

❀ El acompañante celestial ❀

Puedes extraer un ángel para la situación actual en que se encuentra tu vida. Para ello solo precisas extraer una carta. Tómala y contémplala. El texto de la carta te puede ayudar a entender la fuerza del ángel y también a descubrir otros aspectos. La carta y el texto te proporcionarán indicaciones de cuál es el paso acertado a seguir.

Este método de tirada de cartas puede ser aplicado para responder también a otras cuestiones, como, por ejemplo, qué nos depara el año nuevo. La carta que extraigas te indicará la fuerza que te acompañará durante el año que comienza. También puedes extraer una carta angelical para un día concreto o para otra persona, o también para intentar encontrar respuesta a una pregunta que te preocupe especialmente. Siempre que desees que actúe sobre ti la fuerza de los ángeles, extrae una carta. En el caso de extraer una carta de las fuerzas oscuras, esto significa que debes tener cuidado con algo. Extrae entonces una carta de ángel que te ayude a dominar esa fuerza oscura.

❀ El pequeño consejo de los ángeles ❀

El pequeño consejo de los ángeles consta de tres cartas que se extraen sucesivamente. Colócalas tal y como las hayas extraído sobre la mesa (véase la siguiente figura). Simbolizan el ayer, el hoy y el mañana. Lo que ocurrió en tiempos pasados, pasado está y no se puede cambiar. El hoy es. Aquí sí que tienes tú posibilidad de intervención. El futuro está por venir. Cuando vives el momento, configuras tu futuro y reconoces la bendición del pasado.

Carta 1. ¿Qué fuerza fue importante para el pasado?

Carta 2. ¿Qué fuerza ayuda a cambiar la situación actual? ¿Qué fuerza actúa en este momento en mi vida?

Carta 3. ¿Qué fuerza ayuda a estabilizar la situación? ¿En qué debemos fijarnos? ¿Qué se puede hacer en un futuro?

El pequeño consejo de los ángeles

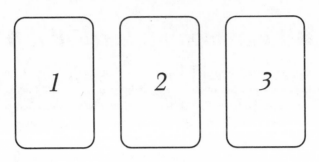

❀ *El gran consejo de los ángeles* ❀

El gran consejo de los ángeles sirve para tener un concepto global de las fuerzas que actúan en la vida actual. Este concepto viene representado por un cuadro que se compone de cinco cartas, las cuales se colocan en forma de cruz (véase figura pág. 35):

Carta 1. Esta carta se coloca en el centro y describe el momento espiritual actual. ¿Qué fuerza actúa en el momento?

Carta 2. Esta carta se coloca a la izquierda de la primera carta que hemos extraído. Esta carta describe la situación emocional, la situación relacionada con nuestros sentimientos. ¿Qué puedo hacer? ¿Qué fuerza resulta importante para mí desde el punto de vista sentimental?

Carta 3. Esta carta la colocaremos a la derecha de la primera carta. Nos muestra la situación intelectual. ¿Cómo reacciona mi razón frente a mi situación actual? ¿Qué fuerza domina sobre mi intelecto?

Carta 4. Esta carta se coloca de forma horizontal debajo de la primera carta. Representa la base, el fundamento. ¿De dónde vengo? ¿Qué fuerza me ha marcado?

Carta 5. Esta carta se coloca sobre la primera carta. Indica cuál es el futuro y cuál es la meta. ¿Hacia dónde voy? ¿Qué fuerza me guiará?

El gran consejo de los ángeles

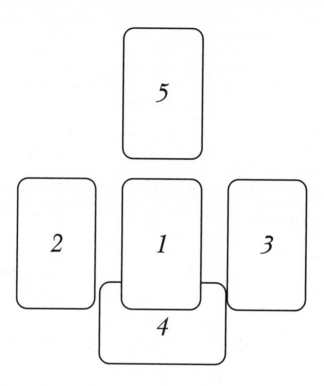

❀ *El Árbol de la Vida* ❀

El Árbol de la Vida simboliza la subida de los gobernantes celestiales (véase fig. 37). Aquí puedes reconocer cuáles son las fuerzas que trabajan activamente en tu vida, en qué etapa de tu vida tus fuerzas quizá se hayan bloqueado y cómo puedes volver a activar dichas fuerzas en tu vida con la ayuda de los ángeles.

Carta 1. Tu punto de partida. ¿Qué fuerza domina en este momento en tu vida?

Carta 2. Las bases emocionale. ¿Qué fuerzas sentimentales te han marcado?

Carta 3. Ayuda procedente del reino de los ángeles. ¿Qué fuerza te acompaña?

Carta 4. Tu pareja y el amor. ¿Qué fuerza determina tus relaciones sentimentales?

Carta 5. Tu fuerza, tu voluntad. ¿Qué fuerza destaca especialmente en ti?

Carta 6. Tu vitalidad. ¿Qué fuerza es la fuente de tus ganas de vivir?

Carta 7. Las facultades ocultas. ¿Cuál de tus fuerzas debes conocer todavía?

Carta 8. El examen actual. ¿Cuáles de tus fuerzas son requeridas de manera especial en el momento actual?

Carta 9. Tu sabiduría espiritual y tu conocimiento. ¿Qué fuerza te aporta inteligencia?

Carta 10. La expresión de tu fuerza creativa. ¿Qué fuerza guía tu capacidad de desarrollo?

El Árbol de la Vida

```
        ┌─────┐
        │     │
┌─────┐ │  1  │ ┌─────┐
│     │ │     │ │     │
│  3  │ └─────┘ │  2  │
│     │         │     │
└─────┘         └─────┘

┌─────┐         ┌─────┐
│     │         │     │
│  5  │         │  4  │
│     │         │     │
└─────┘         └─────┘

┌─────┐ ┌─────┐ ┌─────┐
│     │ │     │ │     │
│  8  │ │  6  │ │  7  │
│     │ │     │ │     │
└─────┘ └─────┘ └─────┘

        ┌─────┐
        │     │
        │  9  │
        │     │
        └─────┘

        ┌─────┐
        │     │
        │ 10  │
        │     │
        └─────┘
```

Las cartas

Ángel caritativo
con figura humana

Yo soy el hombre
a través del cual puede actuar
la fuerza del ángel libremente.
Surjo de la nada.
Desaparezco en nada.
Soy como el viento.
El aroma de una flor.
La luz fulgurante que atraviesa un árbol.
La sombra en la pared.
Silencioso y desconocido.
Discreto y delicado.
Mi consejo es sagrado,
mi actuación de gran ayuda,
mi voluntad libre.

41

Estoy el tiempo
que se me necesite.
Con frecuencia mi presencia es percibida
cuando ya he estado.
Ya se ha hecho.
Yo soy la luz de Dios en acción.

Trasfondo

Hay personas que son puras y libres. No hay nada que les preocupe, de tal manera que la fuerza divina de los ángeles puede actuar directamente a través de ellas. En muchas ocasiones ocurre que la persona por medio de la cual actúan las fuerzas divinas de los ángeles no es consciente realmente del efecto tan beneficioso que tiene su actuación. Tan solo esta persona expresa en el momento adecuado lo más oportuno, habla en el momento más idóneo. De esta manera se interpone en el camino de las fuerzas de la oscuridad.

Aquí les mostramos varios ejemplos: Una mujer camina por una calle solitaria. Tiene miedo y en su interior pide ayuda. En ese preciso momento aparece una pareja muy amable que la acompaña hasta la puerta de su casa, sin que esta sea consciente de su buena acción. Ahí se separan sus caminos. Un hombre se encuentra viajando y de repente pierde su horizonte. Aparece otro hombre que con una frase le da la indicación necesaria para encontrar de nuevo su camino. Antes de que el hombre perdido pueda darle las gracias a su benefactor, este ha desaparecido. Un niño pretende cruzar una calle. Una persona adulta lo detiene y sigue su camino. Una mujer es atacada. De repente aparecen dos personas riéndose doblando la esquina. El atacante huye sin que las personas risueñas se hayan percatado del peligro. Un hombre camina decaído por la calle. Otra persona se le cruza cantando alegremente. La persona decaída siente de repente una sensación de alegría y de nueva inspiración. Su talante deprimido se ha esfumado. Existen muchas historias acerca de ángeles con forma humana.

La mayoría de las personas habrán experimentado seguramente lo liviano de la existencia. Siguen a una fuerza y se sienten bien. En ese momento no le dan importancia al hecho de ser alabados o reconocidos, ni siquiera de llamar la atención. Son felices. A través de personas que están unidas al gran flujo divino, a Dios, la fuerza divina de los ángeles puede actuar de manera inconsciente y libre. En ocasiones tan solo durante un breve momento, a veces durante mayor tiempo.

Significado de la carta

Esta carta te recuerda que la fuerza divina de los ángeles puede actuar a través de una persona. Medita durante un momento y recapacita sobre alguna circunstancia en tu vida en la que una persona de este tipo te haya ayudado, por ejemplo, en una situación de peligro. Esta carta también puede ser una indicación de que deberías aumentar tu potencial energético. Es decir, de que deberías abrirte más con el fin de que esta fuerza divina también pueda actuar a través de ti. Así puedes traer bendición al mundo.

Con frecuencia nos encontramos pensativos. No nos percatamos de lo que ocurre a nuestro alrededor, simplemente estamos como ausentes. Nuestra mente está ocupada con lo que aconteció el día anterior. O con experiencias ocurridas en nuestro pasado, con las noticias más recientes que han tenido lugar en el mundo, con el malhumor de nuestra mujer, etc. En una palabra, con todo lo imaginable menos con el momento actual. Esta carta te induce a centrar toda tu atención en el momento que estás viviendo ahora, en este preciso instante. A observar, vivir, sentir. La actuación de los ángeles se puede percibir todos los días. Se trata de los pequeños milagros de nuestra vida cotidiana, referencias en una frase pronunciada, la energía de un ser querido, que te tocan muy de cerca. Puedes intentar sentir esta fuerza de una manera más consciente. Entonces podrás comprobar que no estamos solos. Los ángeles actúan en todos los lugares.

El mensaje del ángel dice: SI NO DESPIERTAS, NO SABRÁS LO QUE HAS SOÑADO. (Yogananda.)

Ritual
❀ *El viaje hacia la fuerza de los ángeles* ❀

Tranquilízate. Tómate tu tiempo. Pon tus cinco sentidos. Centra toda tu atención. No dejes que aparezca ningún pensamiento que nos pueda interrumpir, que nos pueda distraer. Siente tu respiración. Siente tu interior. ¿Qué postura acabas de adoptar? ¿Se siente cómodo tu cuerpo? ¿Te produce tensión? ¿En qué has pensado antes de leer este texto? ¿Qué has sentido? ¿Qué te preocupa en este preciso momento?

Si has conseguido ser plenamente consciente de tu momento actual, entonces sigue a un ángel hacia el mundo divino. Una puerta dorada se abre muy sigilosamente. Te sientes ligero como una pluma. Puedes flotar, volar, moverte de un lado a otro muy rápidamente. Sin que haya espacio ni tiempo entremedias. No tienes ninguna obligación, ninguna cita, sino que dispones de todo el tiempo del mundo. Te encuentras en el lugar más bello que te puedas imaginar.

Por un momento te olvidas de que existes. Dejas de pensar en ti mismo. Simplemente contemplas la corriente. Te dejas llevar por una gran corriente de luz, que fluye ahí. Observa lo que surge ante ti. Si se trata de personas a las que quieres, ilumínalas con rayos dorados de tu luz. Si se trata de personas que te han hecho sufrir, envíales rayos dorados de perdón. ¿Se trata de lugares conocidos o desconocidos? ¿Viajas despacio o vertiginosamente rápido? Las escenas que surgen en la corriente de luz, son placenteras o no? Déjate llevar. A través del espacio y del tiempo. Compórtate como el sol que irradia todo aquello que se encuentra, envía tu luz al mundo. Tómate el tiempo que quieras. Si sientes, por ejemplo, la necesidad de llamar a alguien, no dudes en hacerlo sin preguntar.

Regresa de nuevo a tu punto de partida. ¿Cómo te sientes? Este mundo en el que te has detenido está lleno de pequeños detalles. Pero es tan real como el mundo material. Este mundo está habitado por los ángeles de la luz y los ángeles de la oscuridad. También ellos siguen la voz de tus pensamientos. Los ángeles de la luz no piensan sobre ellos mismos, sino que viven en la corriente de la luz, de la paz, de la alegría y de la felicidad. Ellos estarán ahí, en cuanto pienses en ellos. Si tu espíritu está vacío, ellos pueden actuar a través de ti.

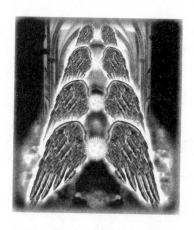

Ángel de la luz

Los acompañantes amorosos de la vida cotidiana

Somos los ángeles de la luz,
los colores del arco iris.
¡Estamos siempre ahí!
Nos alegramos por cualquier pensamiento,
por cualquier sentimiento de amor,
que llegue y fluya hacia nosotros.
Os amamos. Bailamos con vosotros.
Reímos con vosotros. Lloramos con vosotros.
Somos los servidores de esa luz.
Estamos dispuestos
a que resuene en vosotros de nuevo
la fuerza divina y la gloria,
como en su día lo convenimos.
Por ello, llamádnos, invitádnos.
Dejad que os ayudemos en vuestra luz.

Trasfondo

Los ángeles acompañan al hombre desde el origen de los tiempos. Hubo un tiempo en el que el hombre, los ángeles y los espíritus naturales trabajaban estrechamente unos con otros, en el sentido del amor perfecto con el fin de llevar a cabo la creación y desarrollar su belleza. Pero entonces el corazón del hombre se cerró. Cada vez se internó más en el mundo materialista, los objetos materiales empezaron a ser más importantes para él que los sentimientos. Los ángeles existían además en forma de pensamientos nebulosos. Sin embargo, en todos los tiempos los ángeles eran recordados y los artistas los inmortalizaban. En el paso de la vida a la muerte, eran esculpidos en piedra. En las poesías y en la música se mencionaba el «sonido» de los ángeles. La Biblia y muchos libros sabios hacen alusión a su existencia. También se conocen experiencias personales relacionadas con ángeles. Cada vez hay más personas dispuestas a dar testimonio sobre sus experiencias personales con ángeles. En la mayoría de los casos, los mensajeros del cielo ayudan al hombre en situaciones límite, ya que es cuando el hombre piensa en su última posibilidad de salvación, se acuerda de la presencia divina y pide ayuda a Dios*.

Muchos nombres de los ayudantes celestiales han caído en el olvido. Algunos nombres han sido confundidos o cambiados. Pero esto no tiene influencia sobre la acción de estos ayudantes celestiales. Con la ayuda de los ángeles divinos se pueden estimular las propiedades divinas del hombre.

Significado de la carta

Los ayudantes en la fuente divina son la expresión de las virtudes humanas. Para cada forma de vida y de expresión existen legiones de ángeles. Hay ángeles de la felicidad, de la naturaleza, de la transformación y de la templanza. Ángeles de la confianza, de la gracia, de la admiración, de la fuerza, de las flores, del aire, de la tierra, de los sentimientos, de la compañía, del perdón, de la curación, de la formación, de la inspiración, del agradecimiento, de la entrega, de la esperanza, de los

---

* En nuestros tiempos actuales podemos conocer testimonios de nuestros fieles acompañantes en el reino espiritual en Internet en la dirección http://www.netangel.com.

tonos, de los sonidos, de los colores, del arco iris, del fuego, del agua, del consuelo, de la paz, etc. Llama al ángel que te puede ayudar en tu situación actual para que entre en tu vida. Lo único que necesita un ángel es tu pensamiento claro, con una meta fijada y que vaya acompañado de tu invitación para él.

Los ángeles divinos están contigo. Siempre y sin excepción. Esperan pacientemente a que los invites. Respetan tu libre voluntad. Ten paciencia si no adviertes de forma inmediata una reacción. Las semillas que son sembradas necesitan tiempo para crecer. Te ayudan a vencer obstáculos y solucionar situaciones desafortunadas. A pesar de las circunstancias externas molestas, tú tendrás una sensación alegre y despreocupada. Es tu función emprender los pasos que ya se han caminado.

El mensaje del ángel de la luz sería el siguiente: La fuerza del Ángel fluye a través de ti, con su presencia santa. La guía de los Ángeles es segura.

Ritual
❀ *Las fuerzas divinas en la vida cotidiana* ❀

Reserva espacio y tiempo para ti. Enciende una vela para el ángel de la luz. Respira hondo y tranquilízate en tu interior. Cuando estés dispuesto, atraviesa una puerta. Detrás de esta puerta se encuentra esperándote el ángel de la luz que te tiende su mano. Tú la aferras. Ligero, como si tu cuerpo no pesase nada, comienzas a flotar al lado del ángel de la luz. Pasáis por diferentes paisajes que te producen felicidad. Arroyos, praderas, suaves colinas a la luz del sol, campos de flores que difunden su aroma, fríos bosques...

El ángel se detiene. Os encontráis en una escena de tu vida. Reconoces tu entorno, tu habitación, personas cercanas a ti y la situación que actualmente estás viviendo. Escuchas a tu alrededor conversaciones, palabras que provienen de ti y de la persona con la que conversas. Percibes los sentimientos de las últimas semanas. Pero esta vez tan solo eres un observador. Miras todo como el que estuviera viendo una película. Tú eres el actor principal. ¿Qué forma de actuación esperarías del actor principal en esta situación? La película atraviesa una pausa y a continuación tú sigues filmando. ¿Cómo debe transcurrir esta película en un futuro? ¿Qué puedes cambiar como actor principal, como héroe/heroína de la película? ¿Qué facultades se buscan ahora? ¿Paciencia, amor, alegría, tranquilidad, silencio, conversaciones, atención, acción, creatividad, esperanza, serenidad...?

Pide a los ángeles de la luz que te den la fuerza que tú necesitas para guiar tu vida según tu voluntad. Aparecerá un ángel con la fuerza necesaria para esa situación actual. Con el conocimiento de que está ahí contigo vuelves a encontrarte a ti mismo en tu vida.

Oración

Las oraciones dirigidas a ángeles de la luz son muy personales. Simplemente tratan de conversar con ellos. Estos ángeles entienden el lenguaje del corazón. Se alegran y reaccionan ante cualquier palabra tuya que hayas pronunciado con amor. En el caso de que no se te ocurra ninguna facultad en especial, sencillamente pide que te confieran una fuerza que te ayude. Si en ese momento las cosas te van bien, da gracias por tu situación actual.

«¡Ángel de... (facultad), entra en mi vida!

Te pido que estés a mi lado. Ayúdame a hacer ... realidad en mi vida. Te doy las gracias de todo corazón. Te envío mi amor.»

Esto en tus palabras puede sonar de la siguiente forma:

«¡Ángel de la luz! ¡Ángel de la verdad de Dios! ¡Ángel de la inspiración!

Te pido que actúes en este momento en mi vida. Guíame.

Ayúdame a avivar en mí el fuego de la inspiración.

Déjame hacer lo correcto. Permíteme reconocer las señales.

Fortaléceme y guíame. Te lo pido desde lo más profundo de mi corazón.»

Y para un reforzamiento puedes añadir (todas estas frases o una de ellas):

- «Te lo pido. Ilumíname con la fuerza de mil soles.»
- «Déjame sentirte. Déjame verte. Déjame escucharte.»
- «Permíteme reconocerte.»
- «Te lo ruego con todo mi ser y te doy las gracias con mi amor.»

Nathanael

Guía

El fuego cósmico,
más fuerte que la fuerza luminosa del sol,
acaricia tu corazón.
Tu alma llama
al vuelo de regreso a la eternidad.
Toma sitio en la espalda de Pegaso.
Déjate elevar,
hasta que el contorno de tu ser
se alíe con la eternidad.
Entonces habrás llegado
al mar de la felicidad.
El fuego divino está encendido
eternamente.
Yo te guío por la senda
del despertar.

Trasfondo

Nathanael significa «ofrenda de Dios». Él es la fuerza celestial que atiza el fuego cósmico en el hombre. Él transmite el principio del fuego a la Tierra. Él libera al hombre de la creencia errónea que asegura que el hombre está separado de Dios.

Nathanael es una energía angelical suave y cálida. Es un ángel guía. Él, junto a su grupo de ángeles, trae de nuevo a la humanidad la conciencia divina: no se trata de un único ángel, sino que trabaja con numerosos ángeles al servicio de la humanidad. Nathanael es el nombre que define a la energía celestial de infinidad de estos seres angelicales que transmiten al hombre el «fuego de Dios». Son los «ángeles de la evolución». En la era de Piscis la pila bautismal era considerada el símbolo de la unión con Dios. En la era de acuario, que ya ha comenzado, el bautismo junto con el fuego cósmico representan el símbolo del «despertar en Dios». Nathanael y el grupo de ángeles que lo acompañan son los guardianes y transmisores de este fuego cósmico. Establecen una unión entre el hombre y la energía máxima, es decir, con Dios. Este fuego cósmico también se denomina fuerza ascendente de la serpiente*. A través de Nathanael y de sus ángeles, esta «ofrenda de Dios» es transmitida al hombre. El hombre puede desarrollar y vivir su faceta espiritual. Establece contacto gracias a Nathanael con las formas de seres superiores y con los maestros. El hombre obtiene visiones y orientación de estos seres angelicales superiores.

Significado de la carta

En el caso de que Nathanael entre en tu vida, permite que el fuego cósmico del alma acaricie tu ser. Entrégate a ese calor. Deja que tu cuerpo se convierta en un rayo de energía divina. La fuerza de Nathanael llenará tu corazón de profundo agradecimiento. Esta fuerza rompe las fronteras. Reconocerás de nuevo las ilusiones que durante tanto tiempo has perseguido. Oirás «la risa disimulada del cos-

---

* Kundalini, término que procede de la creencia hindú, describe una misteriosa energía que está amparada en el seno chakra del hombre y que puede ser invocada a través de ejercicios de meditación.

mos». Cuando hayas descubierto las decepciones en ti mismo, comienza a reírte también. Alégrate de haberte quitado un peso de encima.

No te des la vuelta. Deja lo pasado tras de ti. Ello ha contribuido a que tú seas como eres hoy. Fue tu escuela, con lo bueno y con lo malo. Confía en que en tu vida nada sucede casualmente. Sigue a Nathanael en los nuevos tiempos. Mira hacia delante. Despídete de estar obligado a hacer siempre algo. La vida es ligereza, alegría y juego. Ama la vida. Confía en tu guía. Concéntrate con todo tu amor en el momento actual. Despójate de la carga del tiempo. Comienza a vivir tu realidad espiritual.

En lugar de juzgar, puedes tener compasión. En lugar de luchar, puedes dejarlo. Cada uno seguimos nuestro propio camino. Cada uno necesita su propio tiempo. Escucha a este mensajero de los tiempos modernos. Confía en su guía. Él te traerá ante la puerta de la «nueva era dorada».

El mensaje de Nathanael dice: LA FUERZA DE LOS ÁNGELES TE LLENA DE SU PRESENCIA CURATIVA. TEN POR SEGURO QUE LOS ÁNGELES TE GUIARÁN.

Ritual
❂ *Tómate tiempo y espacio* ❂

Tranquilízate y vuelve en ti. Deja que el mundo externo sea tal y como es. La tierra seguirá girando también sin tu intervención. Piensa en Nathanael y en su grupo de ángeles. Observa cómo una luz cálida de un color que en ese momento se te ocurra y te produzca bienestar fluye desde arriba hacia tu cuerpo. Déjate penetrar y envolver por esta luz. No hay nada que tú debas hacer.

Nathanael se encuentra ante ti. Simplemente déjate guiar. Él te enseñará un lugar de fuerza. Deja que imágenes de felicidad asciendan en tu interior. Piensa en aquello que siempre has deseado, que siempre te hubiera llenado de felicidad. Toma esa fuerza en ti. Permite que los momentos de felicidad te hablen. Acepta aquello que estás experimentando en este momento con gratitud.

Siempre que te agobien el estrés y la ansiedad y que te ocupes de asuntos que requieran tu fuerza, piensa en Nathanael. Tranquilízate y déjate llevar. Déjate llevar al lugar de tu felicidad. Revive la felicidad y créala en cada momento de tu vida. Aunque solo sea durante diez minutos cada día. Contempla tu trabajo como felicidad. Aumenta los momentos de felicidad en tu vida. Rodéate de aquello que te beneficie.

Ángel de la sabiduría
Silencio

Guarda silencio.
Dirígete a tu santuario.
Guarda silencio, y oirás;
guarda silencio, y verás;
guarda silencio, y sentirás;
guarda silencio, y hablarás.
Un corazón que cree, es pacífico.
Siente el dulce néctar
del amor santo
del pozo
del manantial inagotable.
Yo soy la guardiana del umbral
de la eternidad.

Trasfondo

El ángel de la sabiduría es un ángel muy importante de nuestro tiempo actual. El nombre (también ángel Sophie) se deriva del término griego «sophia», que significa sabiduría (de la vida). En la Antigüedad se veneraba la «hagia sophia», la sabiduría santa, la cual encontramos reflejada en nuestro días bajo el mismo nombre y que está representada por la Iglesia más grande y bella, la Iglesia del Cristianismo*. El ángel de la sabiduría, en la mayoría de las ocasiones, viene simbolizado por una figura femenina en actitud de orar y con la atención dirigida hacia su interior. También se conoce con el nombre de ángel de la meditación.

El ángel Sophie es uno de los ángeles que guiaron a Jesucristo. Conduce al hombre a su santuario interior, cuyo umbral protege para que se pueda unir a la sabiduría divina. Sirve de apoyo a las fuerzas de nuestros tiempos, es decir, al arcángel Miguel y a su complemento divino, el ángel de la fe que rigen nuestros días. El desarrollo de la humanidad tiene lugar bajo su supervisión en el espacio del reino espiritual. El hombre se vuelve a relacionar con la fuerza divina.

Entrar en contacto con el ángel Sophie significa ganar confianza en la sabiduría y en las directrices divinas, reavivar la «fuerza cristiana interior». Este ángel apoya nuestros esfuerzos por entrar en los espacios sagrados del reino espiritual, por conocerlos y dejar que actúen a través de nosotros.

Significado de la carta

El ángel de la sabiduría está ahí en silencio. Te acaricia con suavidad. Puedes dirigirte a él. Es un mensajero de los tiempos modernos. Guarda tu santuario interior. Te enseña el arte supremo del silencio, la discreción y a conversar con la fuerza divina. En su presencia sagrada, cualquier herida de nuestra vida es curada. Te conduce hacia la fuerza que actúa eternamente y de la cual tú eres una parte. Aquí puedes descansar. Tú serás guiada por su energía y te alimentará la energía divina. En los espacios sagrados podrás recuperar fuerzas, desarrollar

---

* Construida por Justiniano en Constantinopla (hoy Estambul) en el 537, desde el año 1453 se convirtió en mezquita y en 1934 en museo.

nuevas fuerzas. Aquí comienza el resplandor de la luz eterna a través de ti. Aquí tu luz resulta iluminada. El ángel de la sabiduría te invita a conocer la fuerza del silencio. Teniendo fe en la orientación celestial, percibirás en tu vida una nueva fuerza. Puedes llamarla en cualquier momento y dejar que te acompañe a los espacios sagrados.

El mensaje del ángel de la sabiduría dice: ÚNETE AL SILENCIO DE LA ETERNIDAD. RENUEVA TU ENERGÍA. RECIBE.

Ritual
❀ *El arte de guardar silencio* ❀

Escoge el espacio y el tiempo. Penetra en el santuario del ángel de la sabiduría. La luz que irradia te envuelve en la fuerza curativa del silencio. Cierra tus ojos. Concéntrate en tu propia respiración. Inspira, espira... Haz que tu cuerpo adopte el estado del silencio. ¿Cuándo se encuentra tu cuerpo en silencio? ¿Qué necesita tu cuerpo para permanecer en silencio? Intenta averiguarlo.

Lleva igualmente tus sentimientos a un estado de silencio. ¿Cuándo guardan silencio tus sentimientos? ¿Qué necesitan tus sentimientos para estar en silencio? Déjate envolver por la luz del ángel de la sabiduría, hasta que te sientas seguro, protegido y hayas entrado en calor. Percibe cómo se tranquilizan tus sentimientos y luego callan.

Conduce también tus pensamientos a un estado de silencio. ¿Cuándo callan tus pensamientos? Imagínate cómo la luz del ángel de la sabiduría va colocando poco a poco todos tus pensamientos en una bandeja dorada. Deja que tus pensamientos pasen de largo como las nubes en el cielo. Contémplalos hasta que desaparezcan. Ahora ya no son importantes. En el caso de que tengas muchas preocupaciones en tu mente, tranquiliza tus pensamientos con un bonito mantra, como, por ejemplo: «Sea la paz, silencio y ten presente que yo soy».

Despréndete de tu «yo». Expulsa tu «yo» con todas sus imaginaciones, sus dogmas y sus tópicos fuera del mundo. Entrega el manto de tu «yo» al ángel de la sabiduría. Tan solo silencio. Déjate envolver y empapar de esta fuerza curativa. Penetra en el silencio de la eternidad.

Cuando te sientas envuelto y cargado de esta fuerza, respira profundamente un par de veces. Colócate de nuevo el manto de tu «yo». Expresa tu gratitud a tu manera al ángel de la sabiduría. Contempla de nuevo el lugar sagrado de la fuerza silenciosa. Él está siempre ahí. Entonces regresa de nuevo a tu cuerpo. Estírate, muévete y vuelve a tu vida cotidiana. Observa lo que ha cambiado.

Fuerzas angelicales personales
Acompañamiento, guía

Nosotros somos las fuerzas
vivas y divinas de la creación.
Te acompañamos desde el comienzo hasta el final de tu vida.
La orientación a través de nosotros es tan certera
como el amanecer por la mañana.
Estamos a tu lado y te venimos a traer la bendición,
a alimentarte con energía,
a darte ánimo en tu camino,
y a recordarte el plan
que se te ha encomendado.
Coge nuestra mano y déjate guiar.
Nosotros somos el arco iris de la esperanza.
Estamos a tu servicio y te amamos
incondicionalmente, tal y como eres.
¡Llámanos, y allí estaremos!

Trasfondo

En la dimensión espiritual a cada uno de nosotros nos acompaña un «grupo de ángeles» o un «grupo de almas». No solamente tenemos un ángel de la guarda, sino todo un grupo de ángeles que nos apoyan. Cada uno en este grupo cumple con una función diferente y, sin embargo, actúan conjuntamente al igual que las notas de un pentagrama o los colores de un arco iris. Nos acompañan en el camino personal de nuestra vida. Ellos están ahí para proporcionarnos energía tan pronto como se lo pidamos. Este «grupo de almas» acompaña al hombre a lo largo de su vida. Está presente en los momentos de transición del nacimiento a la muerte y cuando el hombre vuelve la vista atrás para contemplar la vida que ya ha vivido. Es una fuente inagotable de energía. A través de una comunicación consciente con este grupo, el hombre se ve fortalecido y alcanza la independencia del mundo exterior y de las opiniones de los demás.

El «grupo de almas» se le puede aparecer al hombre de muy diferentes formas. Los «ángeles» de este equipo adoptan mayoritariamente una forma con la que el hombre se siente protegido y cómodo. Así, pueden aparecer en forma de animales, figuras imaginadas, figuras (estrella, círculo, resplandor de luz, etc.), señales (en forma de un determinado olor, de plumas, flores, un sonido, etc.). En la mayoría de los casos se trata de símbolos y de objetos que le resultan familiares al hombre, que ya lo acompañan desde hace tiempo. Aquí se llega a conocer qué fuerza angelical divina se esconde detrás de cada forma.

El grupo de ángeles se compone al menos de siete ángeles: el ángel de la guarda, el ángel de la comunicación, el ángel del fundamento, el ángel de la curación, el ángel de la generosidad, el ángel de la enseñanza y de las pruebas y el ángel de la sabiduría. En la Biblia podemos leer lo siguiente: «Porque ha ordenado a sus ángeles que te protejan en todos tus caminos, que te lleven sobre sus palmas y que no tropieces sobre ninguna piedra» (Salmo 91, 11). También Elisabeth Kübler-Ross subraya, en su libro *Sobre la muerte y la vida después,* que todas las personas son acompañadas por varios seres angelicales.

En determinados momentos de nuestra vida como en exámenes, situaciones de crisis, fases de crecimiento, etc., hay muchos ángeles que nos apoyan. Cada ángel en este grupo tiene una función distinta que cumplir. Pero el grupo de ángeles o almas conoce el plan de desarrollo del hombre una vez que este ha aparecido. Está al servicio de esta persona y aparece tan pronto como se le llame o se le ruegue en una oración. Ellos aumentan el potencial energético. Envían informaciones que pueden ser de gran ayuda para la situación actual. El contacto es excepcionalmente enriquecedor, lleno de amor, le abre nuevos horizontes a la persona que los ha llamado, es libre, divino, bueno y lleno de energía. En la mayoría de los casos este contacto es perceptible desde el corazón en dirección ascendente, es decir, en las regiones superiores de nuestro cuerpo. A veces ha de transcurrir cierto tiempo hasta que se ha establecido el contacto con cada uno de los «seres angelicales», ya que los «sensores» correspondientes de nuestro cuerpo aún no se han desarrollado. Pero, con algo de paciencia, muy pronto se establece una comunicación consciente con este grupo y esta se convierte en una bendición.

En el caso de que la persona sienta en la zona del estómago una sensación desagradable, de inquietud, miedo o de presión, esto no tiene nada que ver con su grupo de ángeles. En este caso se puede decir que una «energía oscura» trata de incomodar a esta persona. Es aconsejable protegerse inmediatamente con luz y, por ejemplo, con una oración. La orden para protegerse de esta energía sería: «¡Enséñame tu luz!» Entonces, este ser se ha de dar a conocer y salir de la persona.

Significado de la carta

Si tu grupo de ángeles se pone en contacto contigo, es un buen momento para recibir su mensaje. Tu grupo de almas trabaja siempre para ti y te proporciona fuerza y energía cuando tú lo desees. Flota en un determinado color, a veces incluso en varios. En muchas ocasiones los «colores básicos» de tu grupo coincidirán con los colores que a ti te gustaban ya de pequeño.

Este grupo, cuyos miembros tienen asignada una determinada función o tarea, están a tu lado desde tu nacimiento. Conocen tu plan de vida. Saben qué es lo que te has propuesto conseguir en tu vida. Conocen el aporte que tú puedes hacer al mundo, si tú quieres. Tú no estás solo.

En el instante en el que pienses en un ángel de tu grupo o en todo el grupo, él o ellos estarán a tu lado. Si desconoces qué ángel es importante para ti en ese momento, simplemente pide a todo el grupo de ángeles que actúe. Sucederá lo correcto.

También es posible establecer contacto con otra persona a través de tu grupo de ángeles para resolver determinados asuntos. Sin embargo, en esta dimensión (esfera de actuación) no existe la posibilidad de presionar, regatear o actuar. Tú solo puedes pedir de buen corazón y esperar una respuesta. Pero, en ocasiones, en esta dimensión tienen lugar los llamados «milagros», acontecimientos que nunca hubiéramos imaginado que sucederían. Por lo tanto: ¡Ten valor! Dando este paso comienza un nuevo amanecer en tu vida. Deja que irradie el arco iris de la esperanza.

El mensaje de tus fuerzas angelicales personales dice: ESTAMOS CONTIGO. SIEMPRE.

Rituales
❁ *Contacto con tu grupo de almas* ❁

Busca espacio y tiempo y adopta una postura que puedas mantener de forma cómoda durante cierto tiempo. Cierra tus ojos y respira profundamente. Cada vez que espires, deja que todas tus tensiones fluyan hacia el exterior, y cada vez que inspires, toma energía fresca y dorada en tu interior.

Cuando te sientas relajado, imagínate ante ti un arco iris que te ilumine desde arriba. Observa cómo los colores del arco iris fluyen hacia ti. ¿Qué colores resplandecen de forma especialmente intensa? ¿Qué sientes en ese momento en tu cuerpo? Pregunta por tu grupo de ángeles y pide que se comunique contigo. Estate atento a posibles señales en tu cuerpo, a sensaciones, palabras, tonos, olores que lleguen hacia ti. Cuando pienses que este ritual haya acabado, entonces vuelve en ti.

En posteriores viajes podrás visitar el templo del arco iris y esperar allí a ver qué ser se te manifestará y qué mensaje te traerá. Con el tiempo aprenderás a distinguir diferentes facultades, sensaciones y energías.

❀ *Asignación de nombres y señal para reconocer a los ángeles de tu grupo* ❀

Tú también puedes asignarles nombres a los ángeles de tu grupo o pedirles que ellos te transmitan sus nombres. Por otra parte, tus ángeles se pueden identificar igualmente a través de señales, tú puedes descubrir cuáles son. Tómate tiempo para ello. Relaciónate con un ángel de tu grupo de almas, o bien llamándolo o extrayendo una carta de tu grupo personal de ángeles.

Escoge un espacio tranquilo. Relájate, concentrándote en tu respiración, al menos durante diez inspiraciones y espiraciones. Imagínate un lugar que tú elijas y que te infunda seguridad. Se puede tratar de un campo de flores, una isla, un bosque, etc. Desplázate con tu mente hacia ese lugar y relájate. Observa cómo aparece un arco iris en el cielo. Del arco iris se desprende una figura angelical que se dirige hacia ti. ¿De qué color es? ¿Qué sensación se produce en tu cuerpo al establecer contacto con ella (como, por ejemplo, cosquilleo en la nariz, orejas calientes, calor en la espalda, hormigueo en la nuca, sensación de calor en la palma de las manos...)?

Este ser angelical sostiene un sobre dorado en la mano que te entrega. En él encontrarás el nombre de ese ángel de tu equipo personal. En ese momento se ha establecido el contacto entre los reinos invisibles y tú. Cuando creas reconocer en tu vida cotidiana la señal identificativa que se produjo al establecer el contacto, significará, pues, que ese ángel desea comunicarte algo. Asimismo, en el caso de necesitar que ese ángel te ayude, llámalo por su nombre, y la señal que experimente tu cuerpo será la confirmación de que se ha establecido el contacto. Alégrate y da gracias por ello.

Pero no solo las señales que sientes en tu cuerpo confirman la presencia de tus ángeles. Estos también pueden hacerse notar a través de señales externas, por ejemplo, cuando te encuentras una pluma, cuando súbitamente te viene un determinado color a la mente, una palabra concreta, o mensajes cotidianos sobre carteles, pegatinas, anuncios pintados en coches, etc. No siempre tiene que tratarse de señales que percibamos en nuestro cuerpo. En este apartado existen tantas posibilidades como personas. Con el tiempo irás descubriéndolas por ti mismo.

❀ *Contacto con otra persona a través del grupo de ángeles* ❀

Cuando tengas problemas con otra persona y no los hayas podido solucionar verbalmente, o cuando quieras transmitirle fuerza a otra persona que esté atravesando una situación difícil y no puedas llegar a ella, o cuando quieras llamar a tu pareja espiritual a la que todavía no conoces, entonces lo podrás hacer a través de tu «grupo de almas» o a través del grupo de la persona afectada.

Tómate tiempo y tranquilidad. Busca un lugar en el que al menos puedas estar sin que te interrumpan o molesten durante media hora. Enciende dos velas, una para ti y otra para la persona con la que pretendes establecer contacto. Intenta buscar un vínculo con ella: puedes colocar ante ti una foto de ella, simplemente escribir su nombre en un papel o tomar un objeto o un símbolo que te una en cierta manera a esa persona. Cuando tengas la sensación de que se ha establecido la comunicación, comienza el ritual.

Colócate un ocho tumbado en el suelo. En uno de los círculos te encuentras tú. En el otro círculo la persona con la que deseas establecer contacto. Envía una luz azul alrededor de los dos círculos. Desde el punto de vista simbólico, esto tiene como objetivo respetar las fronteras. Llama al grupo de ángeles de la persona: «Ángel de ... (nombre de la persona). ¡Por favor, ven aquí!». Llama tres veces. Espera hasta que tengas la sensación de que se ha establecido la comunicación. Lo notarás cuando la atmósfera del espacio en el que te encuentras haya cambiado o cuando sientas otra fuerza. Expresa lo que quiera expresar tu corazón o formula tu petición. Pide para que se encuentre una solución, para que lleguéis a un acuerdo o para que te sea enviada ayuda para el bien de todos y en el sentido de la luz divina. Espera entonces durante un momento, en el que permanecerás en absoluto silencio. Quizá recibas una «sugerencia» que te pueda servir de gran ayuda cuando te dirijas a esa persona. Considérala, por muy absurda que te pueda parecer. Expresa tu agradecimiento y percibe que todo ha ocurrido.

Ángel del fundamento
Salud

YO SOY un ángel
de tu grupo de ángeles,
el guardián de tu cuerpo,
el templo de tu alma.
Yo abono tu cuerpo,
diluyo tu sangre,
lleno de aire tu respiración,
estimulo tu mente.
YO SOY la acción,
que regula todos los procesos y
reacciones que tienen lugar en tu cuerpo.
YO SOY tu fiel amigo
y te acompaño desde el
primer suspiro hasta el último.

Trasfondo

El ángel del fundamento pertenece al grupo de almas de todas las personas. Es la fuerza que regula y rige todos los procesos que acontecen en nuestro cuerpo. El cuerpo es el templo del alma, y se compone de los cuatro elementos: tierra, agua, aire y fuego. Para el funcionamiento constante del cuerpo humano es necesario que se lleven a cabo muchas actividades. El cuerpo es una auténtica obra milagrosa, un organismo poderoso, en el que deben de estar perfectamente coordinadas un sinfín de innumerables reacciones. El «ángel del fundamento», que recibe también el nombre de «químico o alquimista», rige y regula muchos procesos que tienen lugar en el cuerpo: desde la fotosíntesis, pasando por el proceso de la digestión y llegando hasta la circulación sanguínea y el funcionamiento del sistema nervioso. Independientemente de que a esta fuerza regidora se le preste atención o no, de que sea recibida con gratitud y cariño o no, ella siempre acompaña a cada persona. Aquel que comience un trabajo consciente con esta fuerza se moverá lejos de los conocimientos de los libros y buscará la sabiduría de su cuerpo desde fuera en su interior. Este ángel representa la llave para ver cumplidos determinados deseos y cubrir ciertas necesidades, que de forma individual y muy personal anidan en cada cuerpo.

Significado de la carta

Si el «ángel del fundamento» entra en contacto contigo, ha llegado entonces el momento de que dediques mayor atención a tu cuerpo. Observa, aunque sea solo por una vez, todas las funciones que lleva a cabo nuestro cuerpo diariamente. Si recapacitas sobre ello, te darás cuenta que está actuando una fuerza grande e infinitamente inteligente. Esta fuerza te ayuda a equilibrar este cuerpo material de grandes dimensiones y a mantenerlo sano y fuerte. Si menosprecias esta fuerza, posiblemente irás debilitándote tú mismo con el tiempo. Pero si descubres esta fuerza y trabajas conjuntamente con ella, te hará cada vez más fuerte. Ya que precisamente es esa su función.

Si aprendes a escuchar a esta fuerza divina, actuará en tu vida con vigor y activamente. Quizá te lleve a tomar determinados alimentos, porque tu cuerpo necesite el aporte de determinadas vitaminas o sales minerales. O quizá te obligue a dejar de comer ciertos nutrientes, ya que estos pueden dañar a tu cuerpo. En ocasiones te pedirá que bebas grandes cantidades de líquidos y más adelante quizá no. Estas cosas vienen y van, y si tú haces caso de esta orientación divina, ella hará lo posible para que tengas salud y te sientas fuerte y bien. El «guardián del templo de tu alma» también es capaz de transformar la química en tu cuerpo, cuando verdades espirituales llegan a tu alma y tú comienzas a incorporarlas a tu vida. Por ejemplo, empiezas a sentirte de repente más perceptivo o las fuerzas telepáticas se comienzan a hacer más evidentes. En el caso de que te vuelvas, por ejemplo, más receptivo con respecto a las «energías» que se encuentran a tu alrededor, entonces cosas que anteriormente no te hubieran molestado lo más mínimo, como el humo de un cigarrillo, ahora te molestan. Las funciones del guardián celestial de tu cuerpo son muy versátiles.

El mensaje de tu ángel del fundamento dice: EN TU CUERPO EXISTEN INFORMACIONES VIVAS.

Rituales
❀ *El mensaje de tu cuerpo* ❀

Ocúpate de tu cuerpo. Él es tu amigo y tu acompañante más cercano. Escoge un espacio en el que dispongas de tiempo y puedas gozar de cierta tranquilidad. Respira profundamente un par de veces y tranquilízate. Concéntrate en tu cuerpo. Comienza a relajar todas las partes de tu cuerpo. Empieza por la cabeza y continúa por las demás regiones hasta llegar a los pies. Concéntrate en tu cerebro, en tus ojos, en tu nariz, en tus oídos, tu boca, tu mandíbula, tu cuello. Sigue por la columna vertebral, hacia los hombros, brazos, pecho, vientre, la zona inferior al vientre, los glúteos, el muslo, la pierna y los pies. Mira a ver si en ellos sientes tensiones o dolores. Agradécele a tu ángel del fundamento su maravilloso trabajo. Pregúntale a tu cuerpo lo que necesita ahora. Podría tratarse, por ejemplo, de aire fresco, de sueño, descanso, un determinado alimento, etc. Sigue esa sensación. Préstale a tu cuerpo mayor atención en días sucesivos. Ocúpate de todo aquello que esté relacionado con tu cuerpo: sus funciones, sus órganos, etc. Realiza ejercicios que te puedan beneficiar. De esta manera comienzas una de las conversaciones más importantes, la conversación con la fuerza que rige en tu interior.

❀ *El zumbido de los átomos* ❀

Concéntrate en el latido de tu corazón y guarda silencio. Inspira y espira conscientemente. Imagínate que te encuentras en el interior de una célula de tu cuerpo y que te adentras en los átomos. En el interior de estos átomos se agitan electrones en forma de ocho. Debido a este movimiento oscilatorio, se origina un sonido parecido al de un zumbido. Lo que estás escuchando es el «tono» de tu fuerza vital. Percíbelo. Tú lo puedes fortalecer a través de un «tono de zumbido» que tú emitas. Realiza este ejercicio durante al menos unos cinco a diez minutos.

Los átomos nunca mueren. Existen en un espacio atemporal. A través de este ejercicio se refuerza la energía infinita.

Oración

Desde ahora presto atención a la fuerza
que habita en mi cuerpo,
que me acompaña y me lleva.
Déjame reconocer la profundidad de esta fuerza, venerarla y quererla.
Así sea.

Ángel de la guarda

La protección que te acompaña

Yo soy el guardián divino de tu existencia.
El ángel que te acompaña,
desde el origen de los tiempos
hasta el final de tu camino terrenal.
Yo despliego mis alas de luz celestial,
de fuerza divina, alrededor de ti,
porque tu alma es demasiado valiosa e inquebrantable
como para ser abandonada sola en el mundo.
Yo soy amigo, compañía, orientación, protección.
Yo te quiero incondicionalmente,
me alegro sobre tu luz,
lloro por tu oscuridad,
vigilo tu camino.
Cuando tú me llamas,
dirijo tus pasos en dirección hacia los ángeles.

Trasfondo

Los ángeles de la guarda son tan antiguos como la historia de la humanidad. En muchas culturas de casi todos los lugares del mundo nos encontramos con testimonios de seres espirituales/divinos que acompañan al hombre, que lo aconsejan y protegen. En el Antiguo Testamento podemos leer lo siguiente: «Porque a los ángeles ordenó por tu bien, que cuidaran de ti en todos tus caminos. Te llevarán sobre sus manos para que no tropieces con ninguna piedra» (Salmo 91, 11). Aún hoy se nos enseña que todas las personas tenemos un ángel de la guarda. La Iglesia católica le dedica además un día a este ángel, que se celebra el día 2 de octubre con una liturgia especial.

El ángel de la guarda es un ángel especial dentro del grupo de almas. Es considerado una fuerza divina llena de ideas, que actúa espontáneamente. Cuando esta fuerza actúa en ti o ya ha actuado, se produce una sensación de alivio, de amplitud y de un reconocimiento de nuestro interior. Se puede comparar con la sensación que expresamos en frases como: «ha habido suerte», «nos hemos salvado por los pelos», «ha sido una buena idea», que se mezcla con un sentimiento de agradecimiento y felicidad. Personas perceptivas o clarividentes normalmente describen al ángel de la guarda como una figura masculina, en ocasiones con rasgos indios, de grandes dimensiones, lleno de luz y que siempre se coloca detrás o al lado de la persona que acompaña y protege, caminando o de pie. Irradia un poder majestuoso. Su principal función consiste en proteger al hombre de fuerzas oscuras y estar siempre a su lado. Protege la vida humana e interviene el tiempo necesario hasta que llega el momento de abandonar la existencia terrenal. Entonces te recibirá «al otro lado».

Significado de la carta

Cuando tu ángel de la guarda te recuerde su actuación, significa que ha llegado el momento de que te esfuerces por establecer contacto con él. Puede significar también que en tu vida has llegado a un punto de cambio, de transición, en el que comienza algo nuevo y finaliza algo pasado.

Tu ángel de la guarda personal está a tu lado y te susurra al oído: «Da igual cuál sea tu situación, tú no estás solo. ¡Yo te acompaño, te protejo, te guío y te conduzco, te infundo el ánimo de seguir adelante! Todo va a salir bien. Al final del camino está la luz. ¡Abre tus ojos! ¡Mira a tu alrededor! Observa a las personas que te quieren. Siente las cosas que te benefician. Dirígete a mi, siempre tendrás mi ayuda. Independientemente de lo que tú hagas, de lo que ocurra, yo te quiero: incondicionalmente. Cada minuto tienes la oportunidad de empezar de nuevo, de continuar tu camino. Debes tener valor. Yo soy tu reserva de energía; con esta energía podrás dar el siguiente paso. Cuando estés en apuros, llámame. Yo estoy aquí. Yo te protejo. También te envío señales de alarma, cuando te encuentres en peligro. ¡Estate atento!»

Su mensaje dice: YO SOY TU GUARDIÁN EN CUALQUIER SITUACIÓN. SIMPLEMENTE PIENSA EN MÍ.

Ritual
❀ *La señal del ángel de la guarda* ❀

¿Has sentido alguna vez a tu ángel de la guarda? La mayoría de las veces este se manifiesta a través de alguna señal que se hace perceptible en tu cuerpo. Algunas personas clarividentes pueden ver a los ángeles de la guarda, aunque la mayoría de las personas sienten la presencia de su fiel amigo. El ángel de la guarda se muestra por medio de una sensación determinada. Su presencia es como el amor, claramente perceptible, aunque un simple ojo no sea capaz de verla. Muchas personas afirman que saben que su ángel de la guarda está presente cuando sienten, por ejemplo, un cosquilleo en la nuca o una fuerza «vigorosa» en la espalda. Pero las señales que recibimos son tan versátiles y originales como la creación. A través de este ritual podrás reconocer la sensación que te indicará la presencia de tu ángel de la guarda.

Tómate tiempo y espacio. Concentra tu atención en tu ángel de la guarda. Pídele que te envíe una señal. Espira e inspira profundamente hasta que sientas en tu interior una agradable sensación de tranquilidad y de calor. Recorre con tu mente todo tu cuerpo y siente si todas las partes del mismo se han relajado. Comienza con la cabeza, continúa con los ojos, el cuello, los hombros, los brazos, las manos, el abdomen, la espalda, el bajo vientre, el muslo, las caderas y los pies.

Cuando te sientas totalmente relajado, concéntrate de nuevo en tu ángel de la guarda. Pídele que te envíe una señal clara y que se haga notar. Espera durante un tiempo e intenta recibirlo. Acoge en lo más profundo de tu ser la señal corporal que te envíe. Estas señales pueden ser muy diversas como, por ejemplo, una sensación de felicidad, manos calientes, un cosquilleo en la nuca, calor en la región del vientre, un pitido en el oído, etc. Muchas veces sucede que esta señal nos resulta familiar, pero nunca nos habíamos parado a pensar qué fuerza se escondía detrás de ella. Si en tu día a día recibes una señal en tu cuerpo, guarda silencio por un momento, mira a tu alrededor y escucha con atención lo que te diga la persona que tengas enfrente. Puedes estar seguro que tu ángel de la guarda quiere comunicarte algo que puede ser de gran importancia para tu vida cotidiana o que quiere contestar a una cuestión que te estés planteando en ese momento. También puede significar que simplemente está contigo. Ten paciencia en el caso de que creas no haber recibido una señal clara.

También le puedes decir a tu ángel de la guarda: «Siempre que en la región de la nuca la piel se me ponga de gallina, sabré que te quieres comunicar conmigo, querido ángel de la guarda». Ponte de acuerdo con él sobre una señal que indique su presencia. Esto funcionará muy bien. Porque su misión es protegerte siempre, sin excepción. Él reaccionará con alegría cuando tú le transmitas tus pensamientos o con cualquier contacto que establezcas con él. A tu amigo celestial también le puedes asignar un nombre. Comienza una relación viva con él. Te va a proporcionar felicidad, te va a ayudar a subir y te va a deparar alguna grata sorpresa.

Cuando se haya establecido el contacto con él de forma consciente, simplemente porque hayas pensado en él, trabajará contigo conjuntamente de forma creativa. Lo puedes enviar, por ejemplo, hacia delante en cada difícil encuentro al que te tengas que enfrentar, para que te vaya allanando el camino. ¡Pruébalo!

Oraciones

Cuando sientas miedo, tengas alguna preocupación o simplemente una persona cercana a ti se encuentre atravesando una situación difícil y tú desees estar a su lado, reza a tu ángel de la guarda o al ángel de la persona afectada, o grupo, etc.

La relación entre tu gran amigo celestial y tú es un contacto muy personal. Lo verdaderamente importante es la sinceridad y el amor con el que te dirijas a él. Puedes contarle todo. Recibirás respuestas y señales.

Si deseas rezar, existen diferentes posibilidades de hacerlo: junta tus manos delante de tu corazón y pide, con toda la fuerza que en él reside, a tu ángel de la guarda que venga en tu ayuda, formulando las palabras que se te ocurran. También puedes entablar una conversación normal con él, como si se tratara de un amigo o amiga muy queridos. Descubre sencillamente de qué manera te sientes tú más cómodo.

❀ *Oración de la noche con niños* ❀

Ángel de la guarda mío,
cuídame bien,
día y noche,
temprano y tarde,
hasta que mi alma
al cielo parta.

ó:

¡Querido ángel de la
guarda!
Quédate conmigo.
Yo te doy gracias
por tu fiel compañía.

Invocaciones

¡Ángel de la guarda mío! ¡Ángel de la guarda mío! ¡Ángel de la guarda mío!
Procura que siempre esté bien protegido.
Despliega tus alas protectoras sobre mí.
Guíame, oriéntame.
Te doy gracias.

o:

Mi querido ángel de la guarda,
te pido me envíes una señal
en mi actual situación.
Te doy gracias por tu intervención.

Ángel de la doctrina
Reconocimiento inteligente

Yo soy el ángel divino de tu alma.
Conozco el plan de tu vida terrenal, conozco tu misión.
Yo te guío y te oriento
a través de los procesos doctrinales de tu alma,
que desde tu nacimiento te has propuesto.
Las situaciones con las que te enfrentas
te servirán de aprendizaje.
Ellas forman tus auténticas y deslumbrantes facultades.
Yo te preparo ante cualquier situación difícil.
Yo te guío con seguridad a través de las pruebas de la vida.
No te juzgo, espero pacientemente tu llamada,
te envío reconocimientos.
¡Con cada paso bien pensado,
te conduzco hacia Dios,
de vuelta a los campos celestiales!

Trasfondo

El ángel de la doctrina es otro «miembro» del grupo de los ángeles personales. Se trata del «ser espiritual» que estimula el desarrollo espiritual y la facultad de aprendizaje del hombre. Te alerta sobre posibles peligros o situaciones de crisis. Prepara a la persona, si esta lo desea, frente a este tipo de situaciones y la acompaña. El maestro es de algún modo también un protector. Sin embargo, no interviene directamente en los sucesos, como el ángel de la guarda, ya que entonces significaría que se estaría inmiscuyendo en la libre decisión de actuación de la persona. Esta voluntad de decisión es respetada totalmente por este maestro divino. El hombre es el que decide si quiere sufrir y permanecer en esa situación de sufrimiento. O si quiere extraer de estas situaciones o circunstancias los conocimientos que traen consigo y que, en definitiva, sirven para fomentar el crecimiento de nuestra alma.

En el grupo de ángeles personales, la misión del ángel de la doctrina es actuar como maestro, profesor, consejero y guía, siempre que sea el deseo del hombre. El «maestro» es un ser que ha vivido muchos más procesos de aprendizaje que la persona a la que acompaña. Sin embargo, este ángel está en la misma frecuencia que la «onda espiritual» de esta persona. En este caso también es válido que igual atrae a igual. Por esta razón, el maestro sabe comprender a su protegido y le transmite el conocimiento necesario para afrontar su situación actual. Dependiendo de los conocimientos que posea, una persona puede estar acompañada de muchos maestros u orientadores, que se adhieren temporalmente y que luego se marchan. Si la persona se lo pide, el maestro le ayudará a integrar en su vida cotidiana los conocimientos sobre la sabiduría divina y a vivirlos.

Significado de la carta

Si entras en comunicación con el «maestro celestial», te querrá decir lo siguiente: «Voy a estar siempre a tu lado. Te acompaño, te guío y te ayudo en el camino de tu vida. Respeto tu libre decisión y no intervengo en lo que acontece si tú no lo deseas. Pero que sepas ¡que estoy aquí! Yo soy la inspiración divina en los tiempos difíciles. Contestaré a las cuestiones que te torturan. Te guío paso a paso por la

senda de la vida y dejo que los acontecimientos lleguen a ti. Gracias a mi orientación llena de amor, despertarás en la luz de la sabiduría de Dios. Tú reconocerás,
verás, sentirás y existirás en la verdad eterna de Dios. El camino es la meta. Para
todo hay una solución, también para lo oscuro. Búscame. Yo te ilumino con la luz
divina de la sabiduría hasta que hayas aprendido la lección de tu situación actual.
Entonces la resolveré. Así caminamos paso a paso, codo a codo, por este sendero.
En ocasiones, durante largos trayectos resulto silencioso y desconocido. Pero cuando tu corazón me llame, allí estaré. Dispongo de tiempo y puedo esperar. Algunos
conocimientos necesitarán más tiempo para que lleguen a la profundidad de tu
corazón y de tu mente. Porque tú te has alejado mucho de ellos a través de tus palabras y acciones. Algunos acontecimientos llegan inesperadamente y pasan con rapidez, ya que hay que continuar el camino. Yo sigo las oscilaciones de tu corazón.
Conozco el plan que te has trazado. También debes saber que hay maestros celestiales y «ayudantes» para cada «rama del saber». Cuando desees comenzar algo
nuevo, comunícate con tu profesor, llámalo, y el conocimiento llegará a ti sin
esfuerzo alguno. Si le asignas a tu razón el lugar de sirviente y sigues la orientación
interna, serás conducido de una manera automática a los lugares, a las circunstancias y a las personas que te terminarán guiando hacia esa rama del saber.

El mensaje de tu ángel de la doctrina sería: LOS CONOCIMIENTOS SON MENSAJES DE
TU ALMA.

Rituales
❀ *Noticias desde el reino espiritual* ❀

Tómate tiempo y espacio. Permanece en silencio. Cálmate. Concéntrate en tu
respiración. Espira e inspira conscientemente. Recapacita sobre tu situación actual.
Quizá haya un tema o un ambiente en el que continuamente te debas enfrentar con
un problema reincidente como, por ejemplo, en el trabajo con tus compañeros,
que a lo mejor te envidian, o en la relación con tu pareja, con la que discutes a
menudo, o algún problema de salud, un dolor que vuelve una y otra vez, etc.

Estudia detalladamente esta situación. Ruega al ángel de la doctrina que te ense-
ñe a entender cuál es el mensaje que se ha de extrapolar de esta situación.

Interprétala como un cartel indicativo que pretende enseñarte algo. No te alteres si la situación se te vuelve a presentar. Pregúntate a ti mismo: ¿Qué debo aprender de ella? ¿Cuál es mi papel en dicha situación? ¿Qué es lo que yo aporto para que se produzcan estas situaciones? Pide a tu guía espiritual que te apoye y que esté a tu lado brindándote su ayuda. Sigue las indicaciones del reino espiritual. No siempre se corresponden con las imaginaciones de tu razón ya que esta está en cierto modo limitada. Pero sí que se corresponden con el plan divino que conoce tus funciones y que pretende llevarte a lo más alto.

❀ *Señales de tu consejero espiritual* ❀

Tú también puedes establecer contacto con tu maestro interior. En muchas personas se manifiesta en forma de una suave palmada en el hombro o de una caricia cariñosa sobre tu cabeza. Puedes beneficiarte de esta señal de tu «guía divino o celestial» en tu vida cotidiana. Te permitirá vivir una situación de forma más consciente. Al igual que ocurre con cualquier contacto que se establece con los «seres divinos» del cielo, este será enriquecedor, te producirá alegría y la sensación de que esta situación ha beneficiado a todos lo implicados y que les ha aportado algo bueno a todos ellos. También le puedes asignar un nombre. Los ejercicios indicados para ello los encontrarás en la descripción del grupo de los ángeles.

Oración

Ángel de la doctrina,
tú eres el mensajero de la compañía divina.
Te pido que actúes en mi vida.
Envíame los conocimientos que necesito ahora.
Te pido que establezcas un contacto fuerte conmigo.
Ilumíname, guíame y acompáñame en este camino.
Yo te lo pido.

Ángel de la curación
Bendición

Nosotros los ángeles de la curación,
servimos al hombre en su camino
hacia la santidad.
Todo es sagrado.
Todo procede de la creación
y fluye de nuevo hacia ella.
Nosotros somos los innumerables ayudantes
de las regiones de la luz
que sirven a este rayo divino.
Ten en cuenta que cada segundo de tu vida es sagrado.
Nosotros estamos aquí para estimular
este conocimiento en tu mente.
Te guiamos a través de los campos perturbadores
de tu alma, de tu cuerpo y de tu mente.
Así servimos al ser humano cada uno de nosotros.

Trasfondo

El ángel de la curación pertenece al grupo de los ángeles personales de cada persona. Es la fuerza que actúa en tus cuatro cuerpos inferiores: los cuerpos macroscópicos, los emocionales, los espirituales y los intelectuales*. Esta fuerza te ayuda a equilibrar trastornos que has originado tú mismo y a hacer posible la regeneración. El ángel de la curación también recibe el nombre de «médico interior». Representa la energía que cura heridas, mitiga dolores cuando estos son muy fuertes, fortalece el sistema inmunológico y le confiere fuerza al cuerpo para que se pueda recuperar de posibles enfermedades y para que incluso salga fortalecido de ellas.

Cuando la persona desea ser curada, entonces aparece el ángel de la curación. Este ángel conoce perfectamente lo que necesita el cuerpo en determinadas «fases de su curación». Se puede tratar de ciertos alimentos, un determinado método de tratamiento, ciertos ejercicios de fortalecimiento, en ocasiones simplemente de aire fresco, una determinada planta medicinal, un determinado cuidado médico o dedicación y cariño en su vida.

Ningún médico del mundo puede curar a un paciente que no quiera curarse. Ya que tan solo por medio del deseo interno se activan las fuerzas curativas y estas comienzan a actuar. El ángel de la curación guía a la persona a través de las fases de la enfermedad. Las enfermedades también son caminos espirituales de reconocimiento. No son casuales, sino que se corresponden con cada persona concretamente. Cuando una persona aprende a trabajar conjuntamente con su «médico interior», será conducida por el camino de su curación. Alcanzará la libertad interior para no depender de condicionamientos y opiniones procedentes del exterior. Aprenderá a reconocer el sentido de la enfermedad que le acecha. Recobrará la confianza en las fuerzas propias que están a su disposición y en el crecimiento de su alma.

La diferencia que existe entre el ángel del fundamento y el ángel de la curación radica en que el ángel del fundamento vela por la composición química del cuerpo, independientemente de que el cuerpo esté sano o no. Siempre acompaña a la persona y regula todos los procesos que tienen lugar en su organismo. Por el contrario, el ángel de la curación solo aparece cuando el alma del hombre se ha dese-

---

* En total existen siete fases corporales. Los cuerpos superiores «espirituales» en el hombre están configurados de forma variada. Se denominan cuerpos causales, cuerpos budistas y cuerpos átmicos. Aparte de estos que hemos mencionado existen también los cuerpos celestiales.

quilibrado o cuando el hombre lo llama. Le ayuda a comprender la enfermedad del alma y a ver la lección que se esconde detrás de ella. A través de él se activan las fuerzas curativas interiores. El ángel del fundamento lo apoya en este cometido: el ángel del fundamento y el ángel de la curación trabajan conjuntamente.

Significado de la carta

Cuando el ángel de la curación comience a iluminar con su luz a tu lado, significa que quiere transmitirte que puedes beneficiarte de su fuerza. Él está a tu disposición y te envía informaciones que te pueden apoyar en la situación de tu vida actual. Acepta tu destino. Te ha sido conferido para que aprendas con él.

El ángel de la curación te aconseja observar con más detalle y atención. Te induce a no dejar pasar por alto las señales de tu cuerpo, sino a percibirlas y a preguntarte qué hay detrás de ellas. Si hoy no eres capaz de respetar y tomar en cuenta estas indicaciones, a partir de un dolor ligero (físico, del alma, espiritual o emocional) se pueden desarrollar rápidamente enfermedades que conlleven un proceso de curación largo y penoso.

Tu cuerpo es un instrumento muy sensible que percibe los trastornos de la vida de tu alma mucho más rápidamente que tu mente. Tú puedes confiar en tu cuerpo. Las enfermedades y los dolores que se exteriorizan tienen un origen. Muchas veces son mensajes desatendidos del alma. Comienza a dialogar con tu ángel de la curación. Practica el establecer una relación con la fuerza curativa que habita en tu interior. Porque quién mejor que esa fuerza interior debería saber aquello que te falta o aquello que debas conocer a través de esa enfermedad o ese dolor. Ella te guía a través de tus conocimientos. Te enseña tus propios defectos y ciegos convencimientos. El ángel de la curación te proporcionará consejos y apoyo.

El mensaje de tu ángel de la curación dice: MI BENDICIÓN ESTÁ CONTIGO, Y SAGRADO SEA TU ESPÍRITU.

Ritual
❋ Ceremonia de santificación ❋

Escoge un momento de total tranquilidad que puedas dedicar exclusivamente a ti mismo. Concéntrate en tu cuerpo. Espira e inspira con tranquilidad un par de veces. Recorre tu cuerpo con tu mente. ¿Cómo se siente? ¿Qué zonas te duelen y qué zonas están relajadas y se sienten cómodas? Tómate tiempo para escuchar atentamente a tu cuerpo. En el caso de que en tu cuerpo hayas detectado una zona «defectuosa» o dolorosa, coloca tu mano sobre ella. Pregunta a tu cuerpo directamente qué es lo que necesita. Habla con él personalmente, aunque al principio te parezca raro. Pídele que te envíe una señal. Formula tus preguntas directamente al ángel de la curación. «¿Qué significado tiene este dolor? ¿Qué puedo aprender o hacer para curar en mí esa «zona defectuosa?»

Espera una respuesta. Siente las señales que se cruzan en tu camino. Síguelas. Respira diariamente al menos durante cinco minutos en el interior de tu cuerpo y especialmente en las zonas afectadas. A veces tarda un tiempo hasta que tu mente permite este intercambio. Cuanto más te concentres y admitas este contacto, más fácilmente podrás seguir las indicaciones que provienen de ti.

Aquí también puedes concretar una señal* que te ayude a reconocer esta fuerza. Algunas personas hablan de la sensación de una «inyección espiritual». Es como si te pincharan en un determinado sitio. Esta puede ser una señal de la acción de tu «médico espiritual». También puedes familiarizarte con métodos que confirmen las señales que envía tu cuerpo como, por ejemplo, pruebas quinesiológicas, péndulos**, etc.

Oración

Ángel de la curación,
te doy gracias por tu sabiduría interna.
Por favor, permanece a mi lado.
Envíame una señal
para que pueda reconocer el dolor/la pena de ...
(mío/nombre de la persona por la que rezas).
Doy gracias por tu apoyo.

---

* Mira «Ritual» en la carta «Fuerzas angelicales personales».
** Véase apéndice.

Ángel que te cuida con amor
Oración

A través de mí fluye en ti
la iluminación de la generosidad con amor.
Te acojo suavemente
en mis alas divinas,
te consuelo en los tiempos malos,
te enseño la curación de tu alma,
rezo por ti, te rodeo
para que te sientas protegido y seguro
en la existencia eterna.
Siempre te enviaré
mi amor fluido y cósmico.
Oriento tu atención
hacia la maravillosa belleza del manantial.
Te acompaño allí donde tú vayas,
y te llevo de nuevo
al silencio curativo de tu interior.

Trasfondo

El ángel del cuidado amoroso es aquel ángel del grupo de almas personales que consuela, al igual que la madre a su hijo, en tiempos de necesidad. Este ángel es como una primera madre, una «enfermera previsora». Se trata de un ser atento, incondicional y cariñoso con propiedades femeninas. Por ello, una de sus funciones consiste en cuidar del alma con su consuelo y su luz amorosa. Trae esperanza y luz en las etapas oscuras del sendero de nuestra vida. Se dirige a una persona aun cuando nadie se preocupe ya por ella. Nunca deja a su protegido en la estacada y reza por la curación de su alma.

Este ángel actúa en estrecha colaboración con el ángel de la curación y con el ángel del fundamento. Su campo de actuación es el consuelo del alma en «fases de curación», en momentos de aflicción, de enfermedad, de separaciones y en crisis por las que está atravesando nuestra vida. Trae la esperanza de que todo va a ir bien de nuevo y que después de la oscura noche vuelve a brillar el sol. Si este ángel actúa en tu vida, lo podrás notar a través de determinadas señales. Su fuerza se siente como una suave caricia por tu cabeza o un soplo de aire que roza tus pómulos. Su olor es el de las flores delicadas que nos recuerdan a la belleza de la creación y al regalo de la vida. Este ángel dirige tu atención hacia la esperanza y la belleza de la existencia.

Significado de la carta

En el caso de que te toque la radiación suave de este ángel que te ampara, esto significa que quiere dirigir tu mirada hacia la belleza y la armonía de la creación.

Escucha, ella te dice: «Abre tu corazón. Haz que fluya de nuevo el amor en tu vida. Recuerda las horas maravillosas, llenas de amor, el campo de flores multicolores, la fragancia de una rosa. Recuerda los rayos cálidos del sol, la fuerza que desprende un viejo árbol, el agua clara que emana del manantial. Todo esto existe también para ti. Apoya tu cabeza sobre el regazo de la madre naturaleza, déjate llevar por ella y cárgate de fuerza interior. La naturaleza es perfecta. Tú también eres perfecto, ya que formas parte de la creación. Recuérdalo. Todas las heridas, cualquier dolor que te hayas infligido tú o terceras personas, es pasajero. El tiempo curará estas heridas. Mira hacia delante, observa la belleza que puedes ver en la actualidad. El dolor se ha pasado; déjalo ahí donde proceda, en el pasado. Yo rezo por ti, por la curación de tu alma. Pídeme una señal. Yo me alegraré y te enseñaré gustosamente, que estoy a tu lado, siempre. Yo te llevo de nuevo hacia el silencio curativo de tu interior.»

El mensaje dice: Tú NO DEBES RESPONSABILIZARTE DE LAS CARGAS DEL MUNDO. ¡LIBÉRATE! ¡DELEGA!

Ritual
❀ *Desprenderse de las cargas del alma* ❀

Si alguna preocupación se encuentra oprimiendo tu alma, no permitas durante más tiempo que te torture esta carga. Ten en cuenta que siempre está actuando una fuerza mucho mayor y que tú puedes transferir esa opresión del alma hacia «arriba». Tú no tienes porqué ser responsable de todo y cargar con cada situación. Aprende a delegar y a dejar que las cosas ocurran.

Tómate tiempo y espacio para ti. Hazte con lápiz y papel. Busca un lugar en el que te sientas seguro. También puede tratarse de un lugar bello ubicado en la naturaleza. Acondiciónalo de tal manera que te sientas cómodo: lleva tu mineral favorito, consigue tu flor preferida, escucha una música que te guste especialmente, coloca una fotografía que te agrade; rodéate, en definitiva, de cosas que te gusten de una manera especial y que te confieran mucha fuerza.

Respira profundamente un par de veces y únete a tu corazón. Observa tus «fuentes de energía». Alégrate por haberlas encontrado. Concéntrate en tu corazón y trata de averiguar qué preocupación te hace sentir presionado. Escribe todo sobre una hoja de papel. Mira atentamente lo escrito y di en voz alta: «Delego estas cosas y confío en que serán resueltas de la mejor manera. A partir de ahora me dejo llevar por la vida». Siente cómo esta carga se desprende de ti y cómo te va abandonando poco a poco. Cuando tengas la sensación de que todo se ha desprendido de tu persona, quema entonces el papel. Puedes enterrarlo bajo tierra o tirarlo a un riachuelo y ver cómo se lo lleva la corriente. Termina el ritual traspasando con tu mente al ángel del amparo todo aquello que estaba relacionado con el «tema que te preocupaba». Da las gracias a tu manera por que te hayan ayudado a liberarte de esta carga y vuelve de nuevo a tu vida cotidiana.

Acuérdate de la generosidad y del amparo que te ha brindado con tanto amor. Siempre estará ahí para ti. Únete a este ángel y comienza a experimentar de nuevo tu vida cotidiana de una manera consciente. Para establecer un nexo de unión con este ángel, puedes colocar, por ejemplo, flores, darle un nombre, pedirle que te envíe una señal*. Piensa en tu situación anterior. ¿Cuáles eran las fuentes de energía de tu pasado que siempre te devolvían de nuevo a la vida? Esas son las señales de tu ángel que te cuida con amor.

Oración

Ángel que ampara con amor,
te doy las gracias por actuar en mi vida,
por el amor que siempre fluye de ti,
por ayudarme en mi camino.
Te doy gracias por el consuelo brindado,
por el amor que vuelve a fluir en mi corazón.
Tú me consolabas en mi necesidad.
Yo te doy gracias con la fuerza de mi corazón.

---

* Véase ritual de la carta «Fuerzas angelicales personales».

Ángel del entendimiento
Información

Yo soy el ángel divino del grupo de ángeles,
la comunicación y la energía.
¡Todo es información!
En todas las cosas que te suceden
se esconden temas que tú has elegido,
para aprender y entender,
cómo resolverlos y para crecer.
Soy el punto de luz brillante, centelleante,
alegre que te rodea.
Durante largo tiempo fueron preparadas
las experiencias que llegaron a ti.
Ten en cuenta que tú recibes en el momento correcto
las funciones apropiadas.
Y para ese momento has desarrollado
en ti todos los conocimientos
necesarios para resolverlas.
¡Yo estoy a tu lado!

Trasfondo

El ángel del entendimiento, que también recibe el nombre de «ser controlador» o «el/la pequeño/a», tiene funciones muy parecidas a las del ángel de la guarda. Pertenece al grupo de los ángeles personales que rodean a cada persona. A diferencia del ángel de la guarda, que protege la existencia o integridad física de la persona, este ayudante celestial de la comunicación vela por la integridad del alma. También conoce muy bien cuál es el papel que va a desempeñar «su protegido» en la vida. Sabe lo que se ha propuesto resolver y llevar a cabo y lo que puede aportar en este mundo a la humanidad, si existe disponibilidad para ello. Este ángel controla, supervisa y coordina qué temas deberá desarrollar su protegido.

En la mayoría de los casos, este ayudante divino se muestra en forma de figura de un niño pequeño. Ha escogido esta forma de representación para traer amor, risas, alegría, humor y suerte. La imagen de un niño pequeño es capaz de transmitir todo esto de una manera más fácil que la de un adulto. A pesar de esta forma de manifestación, este ángel ya ha alcanzado esferas muy altas en su desarrollo; tiene toda la sabiduría del tiempo a sus espaldas. Es responsabilidad y decisión suya qué influencias se van a manifestar en el aura y en el entorno de su «protegido».

Los niños pequeños hablan y juegan de una manera completamente normal con sus «compañeros de juego espirituales» hasta que, a partir del quinto o sexto año de vida, se asienta la fuerza del «olvido» en su cabecita. En muchas ocasiones, lo que sucede es que el o la pequeña amiga espiritual vuelven a aparecer en la conciencia del hombre cuando este se enfrenta con la muerte. Sin embargo, este ángel divino y valioso siempre está con nosotros.

Significado de la carta

Cuando tu Pequeño o Pequeña te haga cosquillas en la punta de la nariz, significa que te quiere recordar la ligereza de la existencia.

El ángel del entendimiento te dice: No te tomes tu situación tan en serio. Yo estoy contigo. Recuerda la época en la que jugabas, eras feliz y alegre. Recuerda lo fácil que resultaba todo. También la situación actual la has escogido tú. Nos muestra un tema que tú elegiste, por los motivos que sea. Observa tu situación con detalle. No tengas miedo. Quédate ahí, no huyas. Ocúpate de la situación. En ella están contenidos los temas ocultos de tu alma. No la eludas, delegando tu responsabilidad en otra persona, circunstancia o en un tiempo pasado. Porque, de lo contrario, aparecerá de nuevo sobre el escenario de tu vida con diferente indumentaria. Tus temas vitales tienen mucho tiempo y muchas posibilidades de manifestarse.

Los problemas están ahí para ser resueltos. En la mayoría de los casos para el bien de todos los implicados. Por tanto, ten valor. Yo estoy aquí, hazte cosquillas en la punta de la nariz para recordarte a ti mismo que la solución está próxima. Piensa que hay tiempo para cada cosa. Existe un momento para reír y otro para llorar. Hay un momento para celebrar y otro momento para trabajar. Da igual en qué situación te encuentres, pues la vida volverá a tomar una dirección diferente. Del mismo modo en el que se van alternando la noche y el día. Sigue el ritmo. Ten la seguridad de que tú posees la fuerza, los conocimientos y el valor para poder superar un problema que te haya sido transmitido, por ejemplo, en forma de una enfermedad, de una separación, de una crisis, etc.

Su mensaje dice: Siempre es el momento adecuado. Porque los conocimientos que llegan a ti, hace tiempo que estaban preparados.

Ritual
❀ *La levedad del ser* ❀

Tómate tiempo y espacio. Elige actividades que en este momento te diviertan. Por ejemplo, puedes pasear, tumbarte en una hamaca, ir a una heladería, sentarte a la orilla de un río y observar cómo fluye el agua, o simplemente abrir la ventana y respirar aire fresco. Tómate unas vacaciones, haz algo distinto a lo que sueles hacer habitualmente. Puede tratarse sencillamente de unas «minivacaciones» de cinco a diez minutos. Desconéctate de tu situación actual y recupérate. Disfruta durante al menos cinco minutos al día de la levedad de la existencia. Respira profundamente y dirige tus pensamientos hacia las horas felices de tu vida: hacia la risa, los maravillosos momentos de felicidad, hacia los encuentros más bellos y enriquecedores. Tu «pequeño ángel» te los quiere recordar.

Si en este momento estás atravesando «un momento oscuro», tómate al día unos diez minutos que solo te pertenezcan a ti y relaciónate con aquello que te haga feliz. Si sientes el sol en tu corazón, significa que tu pequeño ayudante que te quiere está ya ahí. Se quedará el tiempo que tú lo quieras tener junto a ti y estará siempre a tu servicio. Si tú quieres, puedes concertar una señal* con tu «compañero celestial». Muchas personas que han establecido contacto con su «ser controlador» perciben un cosquilleo en la punta de la nariz que les recuerda de nuevo la belleza y el regalo de la vida. Si tú estás dispuesto a comunicarte con tu amigo divino, estarás pronto en disposición de reconocer aquellos temas que deben ser desarrollados en tu vida.

Oración

El ángel de la comprensión puede estar ahí en el momento en el que pienses en él, a tu lado. Él te liberará con alegría de los entresijos en los que está sumida tu actual existencia. Él te envía la «solución fácil», humor y felicidad. Él, por así decirlo, te trae «polvos para estornudar» con el fin de sacarte del flujo de tus pensamientos actuales y de relajarte. Tú siempre tienes la elección de cómo quieres ver una determinada situación: te puedes enfrentar con tus temas actuales, obstinarte en conseguir resolverlos o aceptarlos y dejarte llevar por la corriente**. A través de una oración puedes conseguir que actúe en tu vida esta fuerza celestial y vigorosa.

Fuerza divina,
yo te pido, envíame la ligereza y la alegría,
con las que afrontar el momento actual.
Muéstrame el camino de la solución divina en esta situación.
Permíteme reír de nuevo de todo corazón.
Permanece a mi lado. Deja que el sol vuelva a brillar en mi corazón.
Me siento feliz por tu actuación en mi vida.
Gracias.

---

* Véase ritual de la carta «Fuerzas angelicales personales».
** Sobre este particular, ya dijo Platón, un filósofo de la antigua Grecia: «A los sabios les guía el destino, a los necios los arrastra hacia él».

Ángel de la maestría

Reconocimiento

Yo soy la obra maestra de tu alma,
te envío la verdad concentrada
del primer manantial divino
más allá del espacio y del tiempo.
Yo te indico el sendero de la luz,
de la consagración y del despertar
en Dios.
Mi fuerza es una energía universal.
Yo estoy en la existencia eterna.
Desde ahí envío mi luz
sobre tu camino.
¡Ábrete y recibe!
Mi amor está contigo.

Trasfondo

El ángel de la maestría es un «profesor sabio», un maestro, que siempre está dispuesto a transmitir la verdad que abarca todo, la verdad universal. Todas las personas tienen en su grupo de almas un «ser de la maestría», masculino o femenino, esto no importa realmente. Este maestro se encuentra en la misma sintonía que la directriz de aprendizaje del alma de su alumno. Cuando este comienza a ser consciente de la realidad interior, entonces entra en escena el maestro. Él le envía la esencia divina concentrada, que el alumno tratará de transformar en su vida cotidiana con ayuda de su profesor «personal».

El maestro es el «dirigente» del grupo de ángeles personales. Representa la fuerza espiritual estimulante en la vida del hombre. Conoce su función y el plan divino que le corresponde a su alumno. El maestro puede ser alguien a quien solo tú conozcas, aunque también puede enviar su mensaje a través de «profesores del mundo» conocidos. De esta manera puedes pertenecer a un grupo que sigue a un maestro como, por ejemplo, Jesucristo, Zaratustra, Buda, Kuan Yin, Ayar Tara, etc. Esta verdad universal de Dios es enviada a través del ángel de la maestría. El deseo más profundo de los maestros del reino espiritual es servir de ayuda al hombre en su desarrollo espiritual. Tu maestro quiere animarte a seguir tu plan y a alcanzar un mejor entendimiento del sentido superior y del porqué de la existencia terrenal. El ángel de la maestría te conduce, si tú lo quieres, a lugares, circunstancias, personas, escritos, que te llevarán al sendero espiritual. Te envía indicaciones y tareas que harán más visible el camino del alma. Sin excepción, cada persona contribuye de esta manera al «espíritu del mundo vinculado a toda la humanidad».

Significado de la carta

Si te alcanza el rayo bendito de tu ángel de la maestría, ha llegado el momento de reconocer en tu vida a tu profesor o profesora espiritual y de transmitir la doctrina espiritual, siempre y cuando tú lo quieras. ¿Qué verdad divina concentrada te acompaña? Estas verdades concentradas son, por ejemplo: «Ama al prójimo como a ti mismo». «En verdad os digo: aquel que le diga a esta montaña, ¡muévete y cae sobre el mar! y no albergue duda alguna en su corazón de que ocurrirá todo aquello que está diciendo, verá cómo sucede en la realidad.» «Envía en todo momento tu amor al mundo.» «No te concentres en el comportamiento de los demás, porque entonces no te concentrarás en la presencia divina.»

¿Qué esencia quiere hacerse realidad a través de tu vida? ¿Qué hay que hacer? Porque solo a través de los actos se puede reconocer la verdad. Por medio del contacto con tu maestro puedes proporcionarle una nueva dimensión a tu vida. Un nuevo punto de vista. Otra perspectiva. Es como si no solamente pudieras ver la pequeña casa en la que pasas cada día, sino como si te hubieras subido a un avión desde el cual contemplaras el mundo con un mayor campo visual. Tu casa junto a todos los pensamientos que en ella has tenido, de repente te parece pequeña y como una parte de algo mucho mayor. Tú eres transportado hacia nuevos e interesantes horizontes que amplían la perspectiva, la forma de ver las cosas y tus conocimientos. Esto sucede en el momento en el que comienza a actuar en tu vida el ángel de la maestría. Muchas cosas que en tu pequeña casa te han mantenido ocupado y te han alterado, contempladas desde otro punto de vista, te hacen reír.

El mensaje de este ángel dice: EMPRENDE LA BÚSQUEDA Y ENCONTRARÁS. PIDE Y TE SERÁ CONCEDIDO.

Ritual
❁ *Toma de contacto* ❁

Establece contacto con la verdad universal. Déjate llevar hacia arriba. En el caso de que aún no conozcas a tu maestro, intenta comunicarte con él. Si ya lo conoces, trata de transformar sus palabras en hechos y de hacerlos realidad en tu vida.

Busca un lugar tranquilo en el que nadie te moleste y tómate tiempo. Adopta una postura que te permita estar así durante largo tiempo. Relaja cada parte de tu cuerpo y concéntrate en tu respiración. Cuando te sientas tranquilo y recogido en ti mismo, comienza.

Pide a tu maestro con la fuerza de tu corazón y con tus palabras que entre en tu vida; la palabra pronunciada tiene aquí mayor efecto que la pensada. Imagínate un lugar que te resulte cómodo, como, por ejemplo, una isla, una pradera o una cueva. Sitúate con la mente en dicho lugar y espera a ver si ocurre algo. A veces puede llegar a ti un profundo y agradable olor, en ocasiones tienes una sensación de tranquilidad y felicidad o crees ver en el interior de tu ojo a algún ser. Quizá oyes también un sonido o una palabra. Tal vez tan solo percibas un color. Conserva la señal, sea cual sea, en tu corazón. En los próximos días presta atención a nuevas posibles señales. A veces ocurre de una manera muy rápida, y en otras ocasiones las señales tardan cierto tiempo en manifestarse. Prepárate. Ya que, si tú estás preparado, tu maestro no andará lejos. La fuerza del maestro es percibida sobre la frente o en forma de una poderosa energía. Puede tratarse de una presión ejercida en mitad de la frente. Aunque también puedes concertar una señal propia con tu maestro. Simplemente concéntrate en tu maestro y pídele una «señal corporal». El contacto con tu ángel de la sabiduría es sin excepción brillante , enriquecedor, te hará sentir más liberado y te elevará a esferas más altas. Cuando sientas una sensación de liberación y de amor, entonces significará que has establecido el contacto.

Oración

¡Maestro! Estoy preparado.
Enséñame la sabiduría universal.
Quiero seguir la luz de mi alma.

Fuerza celestial oculta
Misterio

Este secreto únicamente lo conoces tú.
Habita oculto en la profundidad del corazón de tu ser.
Es la fuerza de tu nostalgia,
que te fortalece, protege y acompaña
en el sendero del nuevo despertar.
Conócela. Reconócela.
Nómbrala.
Llámala. Recuérdala.
Descansa en el mundo
de lo invisible.
Sigue tu llamada en el interior.
Es la inspiración y la luz
de la nada.
Guía tus pasos
en dirección hacia la esperanza.

Trasfondo

No solamente los ayudantes celestiales te acompañan en el camino del desarrollo de tu vida. También están otras fuerzas divinas a tu lado. Te transmiten ayuda, consejo y protección. Sin embargo, estas fuerzas son muy personales. Pertenecen al grupo de almas de cada persona, aunque se pueden diferenciar muy bien de otros miembros de este grupo: son fuerzas que pertenecen al reino animal (animales de fuerza), de las plantas, de los minerales, espíritus de la naturaleza (elfos, gnomos, enanos, hadas), maestros/as cósmicos/as, dioses, diosas, fuerzas positivas de tus antepasados, etc. Puede tratarse de fuerzas pertenecientes a personas muy queridas o próximas a ti, que ya han abandonado el camino terrenal, es decir, que ya han fallecido. Son espíritus buenos que te custodian con amor. Estas fuerzas están ahí, independientemente de que tú pienses en ellas o no. Si tú las llamas, podrás percibir su presencia inmediatamente. Es como si se encendiese una luz, como el consuelo en los malos momentos, como la luz esperanzadora al final del callejón oscuro, como el agua en el desierto. Son guías de tu camino en los tiempos venideros o simplemente un fortalecimiento del tiempo actual. Son la fuerza que despierta de la nada y que dirige los pasos siguientes en el sendero de la nostalgia de tu alma. Llámalas. Habitan en tu corazón.

Significado de la carta

Si has percibido la parte «misteriosa» de esta carta, significa que tu grupo de ángeles personales te quiere comunicar que existen más fuerzas divinas que actúan de forma muy personal en tu entorno. Son formas energéticas brillantes que transmiten mucha fuerza. Te fortalecen y te son de gran ayuda en tu situación actual, independientemente de cómo sea esta. Desean que tú te acuerdes de ellas. También ellas respetan tu libre voluntad y esperan a que las invites a entrar en tu vida. Se alegran cuando les envías algún pensamiento. Ellas te transmiten sus energías llenas de amor.

Puede ocurrir que mientras lees estas líneas, adivines inmediatamente de manera intuitiva de qué fuerza oculta se trata. Relaciónate con ella, pues te enviará una señal de su amor. Su luz fortalecedora te acompaña. Si aún no estás seguro de qué fuerza amorosa te llama, entonces formula la siguiente pregunta: «¿Quién eres tú, la que me envías una señal?». En los siguientes tres días recibirás una contestación. Te serán enviadas señales. ¡Estate atento! Reconócelas y alégrate por ellas.

El mensaje de esta fuerza dice: SOLO TÚ PUEDES RECIBIR SEÑAL TAN PERSONAL DE TU FUERZA.

Ritual
❁ *Encuentro con la fuerza generosa* ❁

Enciende una vela del color que tú elijas para la «fuerza celestial oculta». Espira e inspira un par de veces profundamente. En el momento que espiras fluye desde ti hacia el exterior toda la tensión acumulada del día, y al inspirar te llenas de una luz que te confiere una sensación de tranquilidad y de relajación. Si sientes paz, entonces atraviesa una puerta en tu interior. Te encontrarás de nuevo en un lugar protegido y pacífico. Solo tú conoces este lugar. Solo tú puedes adentrarte en él. Es un lugar oculto de tu corazón.

Miras a tu alrededor. ¿Qué descubres? ¿Te encuentras en una isla, en el mar o en una montaña? ¿En una selva o en el desierto? ¿En una central de fuerza o en un bonito paisaje? ¿Te resulta este paisaje nuevo o familiar? Observa todo aquello que descubras en él. Este lugar está rodeado por una envoltura protectora y no puede ser descubierto por nadie más que tú. Cuando te hayas familiarizado con tu nuevo entorno, elige un sitio dentro de él. Siéntete cómodo. Acondiciona el lugar de igual modo que si hubieras concertado una cita con algún ser al que quieres mucho y que a ti también te quiere mucho. Puedes preparar una excursión, simplemente encender una vela, adornar el lugar con flores, etc. Déjate llevar por tu intuición.

Cuando estés preparado para la llegada de este ser, espera en silencio. Observa lo que llega. Se trata de una persona, un ángel, un ser de la naturaleza, un animal, un ser de las fábulas, un maestro, una diosa, un dios, un símbolo... Este ser te produce una sensación de amor profundo y de felicidad. Dale la bienvenida e invítalo a acompañarte. Quizá tan solo te ofrezca o te diga algo. O tal vez te pida que le sigas. Toma la energía y el mensaje que te trae. Confía en su mensaje.

Cuando des por finalizado este encuentro, da las gracias a este ser. Acepta en su mensaje lo más profundo de ti y disponte a salir de este lugar. Mira una vez más a tu alrededor y vuelve de nuevo a tu vida anterior. Este encuentro te fortalecerá en tu vida cotidiana. Puedes confiar en él.

Ángel del rayo azul
Dinámica

En el baile del poder,
entre los espejos
de la luz y de la oscuridad,
seguimos la llamada de tu corazón.
Te liberamos de
las ataduras de los engaños.
Escuchamos en la eternidad
el cantar de tu canción.
Oímos la llamada
de tu voz silenciosa.
Céntrate en la luz
del rayo azul,
de la voluntad divina y del poder.
La salvación se acerca.

Trasfondo

Las fuerzas angelicales del primer rayo azul zafiro están regidas por el ARCÁNGEL MIGUEL y su complemento divino Lady Faith (confianza), EL ÁNGEL DE LA FE. En este tipo de fuerzas se trata de legiones de ángeles, que están a disposición del hombre en su vida cotidiana cuando este las llama.

Los ángeles del rayo azul representan la expresión de la voluntad divina. Bajo la luz azul arde la llama roja de la voluntad al servicio de Dios. A estos ángeles pertenecen, entre otros: Ambriel, el ángel de la guarda; Carbriel, el ángel de la pantalla protectora contra radiaciones o rayos de cualquier tipo; el ángel Florian, un ayudante en la necesidad; los lares, que son espíritus protectores de la casa; Malchjdael, el ángel de la voluntad; Nisroc, el ángel de la liberación; Ramodiel, el ángel que protege el viaje del alma durante la noche; Sailiel, el ángel que mitiga el miedo; Tabris, el ángel de la voluntad divina. También los ángeles de la lucha, de la liberación y de la fe en la victoria de la fuerza divina pertenecen a las legiones de ángeles del rayo azul zafiro.

Las funciones de estas fuerzas son muy versátiles. Liberan al hombre de posibles enredos, lo protegen del ataque de demonios, lo vigilan cuando este lo desea, durante el sueño, mientras medita, en los tiempos difíciles, etc. Guían al hombre de manera segura a través de las zonas oscuras de la vida, rompen viejas estructuras con una fuerza dinámica y viva y hacen sitio para nuevas.

Significado de la carta

Las legiones del rayo azul te acompañan y te protegen bajo el mando del arcángel Miguel y de su complemento divino, el ángel de la fe. Ellos están ahí cuando los llamas, te ofrecen su protección en momentos en los que te sientes indefenso, en momentos en los que quieres descansar de los ataques que sufres del reino de los demonios, en momentos de magia negra, que muchas personas utilizan de forma más o menos consciente. Tú puedes llamarlos. Ellos te fortalecerán. Con la ayuda de sus espadas de luz azul liberarán a tu alma de sus ataduras. Te ayudan a liberarte de viejos estereotipos.

Los ángeles del rayo azul actúan en el reino espiritual para tu seguridad y en el sentido de la voluntad divina. Te protegen. Te envuelven en su luz azul, con el fin de que conserves tu energía en los tiempos difíciles. Los puedes llamar si te encuentras en grupos en los que no te sientes seguro y protegido. Antes de acostarte puedes pedirles que te protejan mientras duermes o cuando tu alma realice un viaje. Los puedes llamar para liberarte del abuso de poder y de condicionamientos. Hay muchas posibilidades de trabajar con ellos. A personas con funciones que conllevan mucha responsabilidad o que ostentan cargos de poder y en decisiones que afectan a muchos miembros de un mismo grupo, les ayudan a desempeñar su labor con el máximo sentido de responsabilidad. Nos apoyan a dirigir circunstancias muy importantes.

El mensaje de los ángeles del rayo azul zafiro dice: LLÁMANOS. LA VOZ DE TU SILENCIO DIRIGE LA VERDADERA FUERZA DE LA ACCIÓN.

Ritual
❀ *Ritual de protección y de liberación* ❀

Si quieres proteger un espacio, puedes pedir que se presente el ángel del rayo azul en cada esquina y en cada entrada de ese espacio. Con sus espadas de luz azul procuran que la energía en el sentido de manantial divino se conserve en el espacio. En el caso de que una persona esté enferma, los ángeles del rayo azul pueden ser llamados para que protejan a esa persona. También en el caso de sueños oscuros y de noches intranquilas sirve de gran ayuda llamar al ángel del rayo azul. Ellos estarán ahí y tratarán que no ocurra ninguna desgracia o ninguna injusticia.

Para protegerte y liberarte, también es aconsejable el siguiente ritual:

Tómate tiempo y espacio. Adopta una postura relajada. Cierra los ojos. Respira profundamente un par de veces. Cuando estés preparado, llama a las legiones del arcángel Miguel:

«Venid legiones del arcángel Miguel, proteged y custodiad mi desarrollo. Proteged este espacio. Proteged mi cuerpo, mi mente y mi alma; estad ahora conmigo.»

Cuando tengas la sensación de que los ángeles ya están contigo, entonces comienza con el ejercicio. Los ángeles se manifiestan de diferentes formas, a través, por ejemplo, de pequeños centelleos de luz ante tus ojos, que desaparecen rápidamente o por medio de una sensación de profunda tranquilidad o de alguna señal en el cuerpo, como calor.

Únete a la inmensidad del cielo azul, a la profundidad del agua azul y a la fuerza de tu espíritu. Imagínate todas las ataduras relacionadas con el pasado y que ya no tienen lugar en tu vida. Ataduras de las que te quieres liberar. Ataduras que no te benefician. Se puede tratar de ataduras familiares, de amistades o relacionadas con el trabajo, relaciones con determinados lugares, etc. Concéntrate en una relación o más de las que te quieras liberar. Cuando estés preparado, pide a las legiones del arcángel Miguel que actúen:

«Legiones del arcángel Miguel, liberádme, estoy dispuesto, liberádme de mi relación con ... (nombre). Disponeros a actuar. Liberadme, liberadme, liberadme. Gracias.»

Deja que ocurra lo que ahora ocurra. Confía. Los ángeles del rayo azul son ángeles activos. Cuando haya finalizado el proceso para ti, da las gracias a los ángeles del rayo azul a tu manera y continúa con tu vida cotidiana. En ocasiones, el proceso dura más tiempo que el ritual. Estás en buenas manos. Confía. Las fuerzas del ángel de la fe y del ángel Miguel están contigo. Cuando los necesites, puedes encender una vela azul y llamarlos.

Ángel del rayo dorado
Recogimiento

Unido
al latido de tu alma
está el pulso del gran espíritu.
Síguenos
en el mítico viaje
hacia los mundo interiores.
Libre de las formas finitas
sumérgete en la corriente
de la luz eterna.
Conéctate.
La corriente del
futuro y del pasado eternos
es el movimiento
de la existencia eterna.

Trasfondo

Las fuerzas angelicales del segundo rayo dorado están regidas por el ARCÁNGEL JOFIEL y su complemento divino, EL ÁNGEL DE LA CONSTANCIA, Lady Konstantia. Están al servicio de la sabiduría de Dios. La fuerza de las legiones celestiales de este rayo es el proceso de la consagración. Estas fuerzas están presentes cuando el hombre atraviesa a lo largo de su vida determinadas etapas de desarrollo. Cada persona puede sintonizar con la «emisora cósmica» de estas fuerzas para recibir de esta manera los mensajes que en ese momento sean de importancia para dicha persona.

A estas legiones de ángeles de este rayo pertenecen, por ejemplo: Armait, el ángel de la sabiduría; Akriel, el ángel del progreso; Barachel, el ángel de la justicia (ayuda a que se haga justicia en los juicios terrenales); el ángel Bartolomeo, el ángel de la esperanza; Amitiel, el ángel de la lealtad; Andromalius, el ángel del equilibrio (devuelve bienes robados); los ángeles mensajeros, ellos traen y envían mensajes y oraciones divinas; Cosmoel, el ángel de la felicidad. También se encuentran en este grupo: los ángeles escribientes, que escriben todo aquello que el hombre piensa, dice o hace, así como los ángeles de la paz, los ángeles al servicio de Jesucristo y de la iluminación. Las virtudes que transmiten estos ángeles son fidelidad, amor verdadero, claridad, resistencia, paciencia, intuición y serenidad.

Hoy en día el proceso de consagración por medio del cual el hombre establece una unión con la naturaleza, con el fin de recibir mensajes, se denomina «Channeln» (= canalizar). Este proceso es un camino creativo. Se puede expresar mediante la acción de escribir, hablar, pintar, todo ello de manera «automática», a través de la música, de los tonos, etc. La parte del rayo amarillo-dorado que oscila hacia la zona inferior se manifiesta en una creencia o fe no interiorizada ni entendida, como, por ejemplo, rezar el rosario, porque es una costumbre, recitar mantras, porque en ese momento está de moda, relacionarse con un guru, porque está bien visto y/o seguir una doctrina porque así se forma parte de ella. Los ángeles de este rayo nos ayudan a comprender de verdad con nuestro corazón y a confiar en nuestras propias fuerzas.

Significado de la carta

En el caso de que estos ángeles entren a formar parte de tu vida, pueden ser de gran ayuda en muchos sentidos. Nos prestan sus servicios en los tiempos de transición hacia escalas más amplias de nuestra conciencia, como, por ejemplo, en la época de transición de la adolescencia a la madurez, del alumno al profesor, del adulto joven a la maternidad/paternidad, desde una posición inferior a un cargo de mayor responsabilidad, etc.

Si tú llamas a estos ángeles, percibirás un mayor crecimiento espiritual, la llegada a ti de más conocimientos, de comprensión para asimilar el proceso de transformación en ti. Ellos son los «mensajeros» de la sabiduría divina y nos muestran nuevos caminos y posibilidades. Nos ayudan a aparcar conceptos reiterativos y estereotipos de tiempos pasados, a mejorarnos, a renovarnos o a cambiar.

Los ángeles del rayo amarillo-dorado te ayudan a liberarte de condicionamientos y dependencias externas. Te apoyan a seguir el camino de tu corazón. Te dicen que tu fuerza también procede del futuro, del mañana y no solamente del ayer. Te ayudan a fijar la vista hacia delante. Fortalecen tu fuerza de voluntad e iluminan las zonas oscuras de tu alma.

El mensaje de estos ángeles dice: Los conocimientos que llegan a ti hace tiempo que están preparados.

Ritual
❁ Mensaje procedente del reino espiritual ❁

Si te encuentras en una situación en la que te falta el entendimiento para comprender por qué te está sucediendo esto, tómate tiempo. Relájate y llama a los ángeles de la sabiduría:

«Vosotros, ángeles, envolvedme en la sabia luz del entendimiento. Estoy preparado para recibir el mensaje del reino espiritual. Enviadme una respuesta a la pregunta que os hace mi corazón ahora. Guiadme. Ayudadme ahora. Gracias.»

Envuélvete en la luz dorada de estos ángeles. Ellos están ahí. Observa cómo cada célula de tu cuerpo se carga de esta luz dorada.

Cuando tengas la sensación de que esta luz ha penetrado en ti y de que te rodea, entonces pide una respuesta que te aclare tu situación actual. Abandona todos los pensamientos y sentimientos negativos. Concéntrate en tu respiración. Solo espira e inspira. Imagina que la luz dorada se encuentra lejos y que no serás capaz de alcanzarla hasta que no te sientas completamente tranquilo y centrado en ti. Únete a lo que es de color amarillo-dorado en la Tierra. A la luz del sol, al brillo de las estrellas, al oro de la tierra, al color de la arena del desierto, a las flores amarillas, a los caminos de color amarillo-dorado. Este color significa conocimiento que procede de lo oculto. Que nos es enviado desde muy lejos. Los ángeles te envían los conocimientos necesarios para responder a esa pregunta que formula tu corazón.

Entonces despierta. Regresa a tu vida cotidiana. La respuesta llegará. Si formas parte de un grupo, puedes pedir a los ángeles del rayo dorado que te aclaren el sentido superior de esta congregación. Imagínate cómo esta luz dorada es capaz de unir los corazones de las personas del grupo y cómo entre ellos reinan la calma y la paz.

Ángel del rayo rosa
Entrega

Nosotros las legiones celestiales
del tercer rayo,
trabajamos contigo, sobre ti, en ti,
para desarrollar
la fuerza infinita
de tu corazón.
Aumentamos la energía
momentáneamente.
Llámanos. Te ayudamos
a desarrollar
el amor,
tu fuerza magnética
y a que formen parte de tu vida.
Entrégate
a la fuerza eterna

del amor verdadero.
Porque todo es uno
y uno es todo.

Trasfondo

Las fuerzas angelicales del tercer rayo rosa anacarado actúan bajo la dirección del Arcángel Chamuel y de su complemento divino, el Ángel de la Caridad, Lady Charity. Es el rayo que representa la inteligencia activa y la entrega incondicional. La oscilación del color externo va desde el rosa pálido al rosa fuerte, la oscilación del color interno es dorada (iluminación, sabiduría). Estas fuerzas abren al hombre para una forma superior de amor, que es totalmente incondicional y de entrega total. Este amor se muestra en la mirada enamorada hacia aquello que no se ve, dirigida hacia nuestro interior y que proviene de los ojos de muchos santos.

A los ángeles del rayo rosa pertenecen entre otros: Amor, el ángel que con su flecha induce al amor entre el hombre y la mujer; Jeliel, el ángel que fortalece el amor entre las parejas; Hadraniel, el ángel del amor; Hestiel, el ángel de la reconciliación; Labael, el ángel de la reproducción; Anael, el ángel del amor curativo; Mihr, el ángel que reúne a los grupos; Muriel, el ángel al servicio del amor divino; Rachamiel, el ángel de la compasión; Hahaiah, el ángel de los pensamientos positivos y amorosos.

Los ángeles de este rayo ayudan al hombre a desarrollar la fuerza magnética del amor de su corazón. Son los ángeles de la entrega, los ángeles que cuidan, dan y regalan. Todas las personas tienen la facultad de amar. Aquí no existe energía alguna que esté atada al espacio y al tiempo. La fuerza del amor es una energía libre. Siempre.

Las virtudes que representan estos ángeles son compasión, atención, comprensión, libertad del amor. Los defectos contra los que actúan estos ángeles son el egoísmo, la frialdad, la falta de comunicación, el orgullo, las continuas críticas hacia los demás, la imperfección, jugar con los sentimientos de amor.

Significado de la carta

Los ángeles del rayo rosa están a tu lado, llámalos para que entren a formar parte de tu vida y ellos estarán ahí. Ellos te conducirán a la fuerza verdadera del amor. Rezan para que tu alma se cure, te envían su luz para purificar tu corazón de dolores anteriores. Están a tu servicio para ayudarte en cuestiones relacionadas con el corazón y llevan los deseos de tu corazón al universo para cargarlos con la fuerza magnética del amor.

Todas las personas poseen la facultad innata de amar. Cuando una persona ama a alguien, aunque no pueda ver o encontrarse con la persona amada, porque esta no se encuentra dentro de su espacio, porque les fue prohibido verse o porque esta persona ha muerto, etc., a pesar de todo, la primera persona puede amar a la segunda en su corazón, puede encontrarse con ella ahí o hablar con ella aunque no esté presente. En su corazón puede igualmente ver cumplidos sus deseos, reconocer su nostalgia, seguir el sendero del amor. Todo aquello que está cargado de amor será mostrado al mundo, pues el amor es la fuerza más poderosa que existe.

Cuando sientas que te flaquean las fuerzas, que ya no sabes cómo seguir adelante y sientas miedo, llama entonces a los ángeles del rayo rosa. Ellos aumentan tu potencial energético, ahuyentan las fuerzas oscuras que pretenden dominarte y te muestran el camino de tu corazón. Podrás pensar de nuevo con claridad y sabrás dar los siguientes pasos.

El mensaje de los ángeles dice: tu ERES AMADO INFINITAMENTE.

Rituales

❂ Unión de los corazones ❂

Presta atención a los pensamientos que tienes cuando estás con otras personas, por ejemplo, en grupo o con tu pareja. La mayoría de las veces nos comportamos de una forma crítica con respecto a los demás e intentamos clasificarlos. Tú puedes probar una experiencia nueva, uniéndote, relacionándote con las personas, en lugar de tratar de catalogarlas. Así, por ejemplo, puedes enviar una luz de color magenta a través del corazón. El magenta es un color rosa fuerte, mezclado con azul. Por medio de esta gama de colores transmites protección y amor incondicional. Imagínate cómo la luz de color magenta une los corazones de todos los presentes. Deja que esta luz circule al menos seis veces por todos los corazones.

Cuando sientas cómo la luz circula, desconecta. Este ejercicio aumenta tu potencial energético. Observa el cambio y la nueva calidad del grupo. La iluminación con luz de color magenta te une con otras personas a través de la fuerza del amor.

❀ *El lugar del corazón* ❀

Busca un lugar tranquilo. Concéntrate con tu respiración en el centro de tu corazón. Enciende velas de color rosa. Llama a los ángeles del rayo rosa:

«¡Os llamo a vosotros, ángeles del rayo rosa! Venid, actuad en mi corazón, llevaos aquello que enturbia la luz. Actuad ahora. Yo estoy preparado. Gracias.»

Los ángeles del rayo rosa purifican tu corazón con su luz y eliminan las manchas oscuras del amor no vivido. Escucha atentamente el latido de tu corazón, escucha tu pulso. Esta es la fuerza que habita en tu interior, que está contigo cada segundo de tu vida y gracias a la cual tu vida tiene un mayor sentido. En el caso de que tu corazón no se pueda abrir (independientemente de cuál sea la razón para ello), imagínate las flores rosas de este mundo. Cómo se abren y cómo nos inunda su aroma. Conserva esta imagen en tu corazón. Deja que tu corazón se vaya abriendo de nuevo y se embriague de ese suave olor. Deja que ese aroma se haga más fuerte.

Pide a los ángeles del rayo rosa que acudan en tu ayuda. Pregúntales qué mensaje tienen para ti. Cuando el ritual haya terminado para ti, entonces regresa de nuevo a tu vida cotidiana.

En grupo o en pareja, tú puedes enviar luz rosa a través de tu corazón. De esta manera se activa la inteligencia viva. La realidad sale a la luz. Si aún no crees poder trabajar con el rosa, ya que tu corazón aún alberga heridas ocultas, entonces puedes mezclar el rosa con el azul de la protección y obtendrás magenta. El rayo de color magenta te une con otras personas a través de la fuerza del amor. De esta manera tu energía aumentará y tu trabajo experimentará una calidad nueva.

Ángel del rayo blanco
Belleza

Cuando las estrellas emitan su blanca luz,
las estrellas fugaces centelleen frente a ti,
y la luna ría,
entonces entona
el alegre sonido de la creación.
Deja que la belleza de lo creado te eleve.
El feliz equilibrio de la balanza interna
es la fuerza
de los ángeles de este cuarto rayo.
Abandonan el sendero enrevesado
de tu alma
y vuelan contigo
de nuevo al origen,
para bañarte en puros manantiales.

Trasfondo

Las fuerzas angelicales del cuarto rayo, del rayo blanco cristal, son el ARCÁNGEL GABRIEL y su complemento divino Lady Hope, el ÁNGEL DE LA ESPERANZA. Están al servicio de la armonía divina. El rayo exterior de estas fuerzas es blanco, el color de la pureza, la inocencia y el color del nuevo comienzo. Su rayo interior es verde, el color de la esperanza, de la paz y de la armonía.

A las legiones de ángeles de este rayo pertenecen: Iris, el ángel del arco iris, que consuela en la necesidad; Dosoel, el renovador de la energía; Israfel, el ángel de los cantos de alabanza y de la música; Sariel, el ángel de la muerte (todo fin es el comienzo de algo nuevo); Seriel, el ángel que conoce los símbolos de la luna; Shushienae, el ángel de la esperanza; Hael, el ángel de la inspiración, etc.

Estos ángeles son los guardianes de los umbrales y de las transiciones, y por lo tanto también de la muerte y del nacimiento. Son los ángeles de la renovación, los ángeles de la belleza, de la esperanza, de las artes. Su función consiste en procurar la paz y conferirle forma a lo divino. Están al servicio de las artes de la vida: embellecen, armonizan y veneran a todo lo vivo a través del color, los sonidos, la poesía y del orden. Nos ayudan a valorar nuestra propia vida. Están ahí para crear lugares de fuerza y de paz.

A través de los ángeles del rayo blanco, el hombre alcanza un estado de serenidad, de equilibrio moral y espiritual, de respeto, de autocontrol, de pureza y de alegría de vivir. Iluminan con la fuerza de su rayo neutral todos los colores y las formas creadas.

Significado de la carta

Si los ángeles del rayo blanco entran a formar parte de tu vida, entonces te animarán a adentrarte en un círculo nuevo de la espiral de la vida. Proclaman el comienzo de algo nuevo, el cambio, y con ello el adiós a lo antiguo. Todas las personas tienen la capacidad de expresar esta fuerza renovadora y creativa que habita en nuestro interior.

Los ángeles te ayudan a convertir en realidad tu «potencial celestial», tus facultades divinas y a ofrecérselas al mundo como regalo. Además, podrás liberarte de estereotipos del pasado que te estaban condicionando, y también serás capaz de concebir la existencia de esta fuerza y de que puedes vivir. En ocasiones resulta difícil abandonar viejas costumbres o conceptos. Aquí se trata de liberarte, de que retornes a tu inocencia y pureza originales y que de esta manera puedas crear una base para tu propio futuro. Aquí encontrarás el sentido que tiene tu vida, aunque tu entorno lo considere sin sentido. Libérate de presiones y de imaginaciones de otras personas. Vive tu vida. Baila, pinta, canta, escribe. Entrégate a la belleza de la vida. Sigue tu vocación, ella te ha sido dada para que tú la puedas desarrollar.

Los ángeles del rayo blanco te dicen: MUERE EN VIDA ANTES DE MORIR EN LA MUERTE. RENUÉVATE, TRANSFÓRMATE, AMPLÍA TU CONCIENCIA.

Ritual
❀ Purificar el mundo de los sentidos ❀

Tómate tiempo y consigue un espacio. Relájate. Llama a los ángeles del rayo blanco cristal. Cuando estés preparado, invoca a los ángeles:

«Venid aquí, ángeles del rayo blanco cristal, actuad en mi vida. Purificad mis sentidos. Llevaos aquello que me retiene, todo aquello que me cohíbe. Actuad ahora vosotros, ángeles del rayo blanco. Estoy preparado.»

Envuélvete en luz blanca. Puedes imaginarte, por ejemplo, una cascada. Mira cómo la luz blanca atraviesa tu cuerpo llevándose con ella todo lo oscuro. Cuando tengas la sensación de que la ducha cósmica ha finalizado, dales las gracias a los ángeles a tu manera y retoma tus actividades cotidianas.

Repite de nuevo este ejercicio, sobre todo antes de efectuar trabajos que requieran tu fuerza creativa.

Si te encuentras en un grupo, imagínate cómo el agua pura del rayo blanco cristal cae sobre el grupo y se lleva con ella por un tiempo todas las manchas oscuras del pasado. De esta manera estarás creando la base sobre la cual surgirán nuevas ideas, inspiraciones y un trato más liberal entre los miembros del grupo.

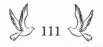

Ángel del rayo verde
Bendición

Alas celestiales
y santas se abren batiendo.
La fuerza curativa del cielo
unge las heridas que te infligió la vida.
Envuelto en terciopelo,
enterrado bajo el brillo de las estrellas,
descubres las ondas oscilantes
de la bendición divina.
Mira la grandeza de tu alma.
Tras de ti quedan
las ilusiones
y las sombras oscuras
de tu pasada existencia.

Trasfondo

Las fuerzas angelicales del quinto rayo de color verde esmeralda son ángeles curativos, ángeles de la bendición y consagración, ángeles del consuelo, de la ciencia. Trabajan por encargo de las altas jerarquías* y están al servicio del ARCÁNGEL RAFAEL, de la virgen María, el ÁNGEL DEL CONSUELO. El rayo exterior es de color esmeralda brillante. Verde representa la esperanza, la curación, la plenitud. La fuerza interior del rayo es de color naranja, el color de la fuerza creativa de la riqueza de las ideas.

Ángeles que pertenecen a este rayo son, por ejemplo: Mumiah, el ángel de la medicina; Jamaerah, el ángel de la revelación divina; Rahtiel, el ángel de los signos del Zodiaco; Och, el ángel de la alquimia; Barbelo el ángel de la plenitud y de la fecundidad; Satarel, el ángel de los conocimientos curativos ocultos; Habuiah, el ángel que ayuda en sesiones de curación; Manakel, el ángel que conoce el origen de las enfermedades; Simiel, el ángel del consuelo que ayuda en casos de mal de amores.

El hombre está sumido en la inmensurable corriente de la evolución. Se nutre continuamente del reino del alma. El quinto rayo es la ciencia del alma. Las personas que perciben la voz del silencio de su alma no pueden cerrarse durante más tiempo a ella. Ellos comienzan a cumplir con su función vital. Los ángeles del quinto rayo sirven para que nosotros descubramos virtudes como la justicia, la exactitud, la honradez, la independencia, el enriquecimiento y, con ello, la curación. Actúan contra defectos como el hábito de criticar, la presunción, la dureza, prejuicios, ilusión y falta de respeto con respecto a la creación. Estos ángeles ayudan al hombre a curarse, lo compadecen, lo respetan, se entregan a él, lo consuelan y lo curan en tiempos de necesidad.

Significado de la carta

Los ángeles del rayo verde están a tu servicio en el camino hacia la curación. Llámalos, y ellos lavarán tus heridas, curarán el dolor de tu alma, te unirán a la

---

* Compárese con la Cábala.

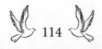

creación y al mundo de la materia. Te muestran la abundancia y la riqueza del mundo. Te enseñan la versatilidad y la belleza de la existencia. Te ayudan a reconocer la bendición de la creación y a aceptarla.

La creación divina es inmensamente rica y versátil en su expresión, color, sonido y forma. Ve hacia la naturaleza, hacia el Jardín de Dios. Contempla las plantas, los animales, los minerales. Contempla la riqueza y lo superfluo. Tú descubrirás milagro tras milagro. Este es el estado auténtico, original, precisamente «paradisiaco». Tú eres una parte de esta creación tan variada. Puedes dedicarle tu atención a tu manera especial. Tu vida es un regalo. Tu estado original es la perfección. Los ángeles del rayo verde sirven para que fijes de nuevo la mirada en tus orígenes.

Deja los modelos de carencia tras de ti y aquella dependencia de no poder crear por unas u otras causas. Tú eres quien creas tu vida y sus circunstancias. Por esta razón, también puedes comenzar a cambiar estas circunstancias. Siempre que tu mente, tus pensamientos, tus sentimientos se preocupen por la carencia, llama a los ángeles del rayo verde. Ten presente la magnificencia de la creación. Sueles tener 90.000 pensamientos al día. ¡Qué derroche! ¿Cómo los aprovechas?

Los ángeles del rayo verde te ayudan a dirigir la mirada hacia la verdad y los milagros de la vida. Te apoyan en alcanzar el control sobre tus pensamientos y sentimientos y volver a encontrar la verdadera semilla. Su mensaje dice: SÉ BENDECIDO.

Ritual
❀ *Relación con la creación* ❀

Relájate, cierra por un momento los ojos. Los ángeles del rayo verde te conducen ahora hacia la naturaleza. Únete a ella. Piensa en todo lo que es «verde» en la Tierra. Tú eres una parte de la creación. Cuando estés preparado, llama a los ángeles del rayo verde:

«Ángeles del rayo verde. Actuad ahora en mi vida. Envolvedme en la luz verde de este mundo. Unidme a la creación. Unidme a la naturaleza original. Unidme a la riqueza de la creación. Yo soy un parte de ella, ella es una parte de mí. En este mundo, la abundancia y lo superfluo está presente en todo. Actuad ahora en mi vida. Conducidme hacia los frescos manantiales y hacia la naturaleza sana de mi ser. Bendecidme. Gracias.»

Los ángeles de este rayo cargan ahí donde hay carencia energética, ya sea en el ámbito físico, espiritual o mental. Ellos te unen con este mundo. Te ayudan a expresar tu riqueza interior y a alcanzar la riqueza material en el mundo exterior. Envuélvete una y otra vez en la luz de color verde esmeralda.

Ángel del rayo rojo
Ideales

La luz de los sueños y de las visiones
luce en la noche vacía.
Recibe los rayos del valor
y de los nuevos caminos.
Nosotros, los ángeles del rayo rojo-rubí-dorado
te envolvemos en nuestra luz.
Acompañarte y protegerte
en todos tus caminos.
Guiarte
en los caminos correctos.
Sin tiempo y sin prisa.
Llegar al manantial de la eternidad
de una forma profunda y cercana.
Te regalamos
confianza en el poder, fuerza y magnificencia.

Trasfondo

Las fuerzas angelicales del sexto rayo de color rojo rubí-azul índigo están al servicio del Arcángel Uriel y de su complemento divino Lady Dona Gracia, el Ángel de la misericordia. El rojo rubí es el color del fuego divino, del valor y de la fuerza. Índigo es el color de la percepción ampliada. Los ángeles de este rayo apoyan al hombre para que lleve una vida de entrega y de servicio a las fuerzas divinas. Es el rayo de los santos, de los predicadores, de los hombres que ponen sus fuerzas a disposición de sus semejantes. Estos ángeles nos ayudan a confiar en la corriente de la vida y a dejarnos llevar por la fuerza de nuestro corazón. Son portadores de la espada de fuego de la decisiones claras.

Bajo este rayo sirven ángeles como Nathanael, que enciende el fuego divino en el hombre y que dirige los tiempos actuales; Ramaela, el ángel que custodia el fuego creativo; Remliel, un grupo de ángeles que son «despertadores» del cielo, que envían impulsos luminosos a las almas; El Auria, el ángel de las llamas purificadoras; Siqiel, el ángel de las centellas divinas; Machidiel, el ángel de la admiración; Lamachael, el ángel de la fuerza, que puede ser llamado en situaciones de necesidad.

Durante los últimos dos mil a tres mil años, es decir, durante la era de Piscis, el desarrollo de la humanidad se encontraba bajo la influencia del rayo rojo rubí. Procuraba que el hombre se preocupara más por Dios y por las leyes cósmicas. Este sexto rayo era utilizado para inducir la entrega del alumno al maestro, a su profesor, a los gurus. En la era nueva que ya se ha iniciado y que se encuentra bajo la influencia del séptimo rayo (véase páginas siguientes), el ideal se centra más en dirigir nuestra atención en nuestra propia fuerza y en hacer uso de ella en beneficio de uno mismo. Los ángeles del sexto rayo sirven al hombre para que este siga a su «guía interno», y para que se entregue a las fuerzas superiores. Estos ángeles fortalecen la confianza, la inspiración interior, la entrega, la delicadeza, la verdad, la sinceridad y el amor. Liberan al hombre de una manera muy suave de condicionamientos, del engaño a uno mismo, de prejuicios, de un genio excesivamente fuerte, del egoísmo y de estereotipos inamovibles.

Significado de la carta

Si los ángeles del rayo rojo rubí entran en tu vida, te estimularán para que te preocupes más por tus propios intereses y necesidades. Te ayudarán a comunicarte con esa fuerza superior que habita en tu interior y a confiar en ella. También procurarán que asumas con decisión y con aplomo la total responsabilidad sobre tu vida.

Los ángeles te advierten de los cambios y transformaciones que suceden en el tiempo. Te muestran tu fuerza para que puedas hacer uso de ella, para libérate a ti mismo y también a aquellos que te fueron confiados. Sin embargo, esto no sucede con la fuerza hostil de las guerras que destruye y aniquila, que trabaja con presiones y aceleradamente y que pretende actuar de forma inmediata. Los ángeles te conducen, con tiempo y tranquilidad, a un ritmo correcto lejos de aquellas circunstancias que no te benefician. Te transmiten energía. El amor dispone de todo el tiempo del mundo. El origen de la creación es amor. Estos ángeles te ayudan a ti y a tus semejantes con respeto, valor y sinceridad a liberarte de ataduras pasadas.

El mensaje de estos ángeles dice: Confía en tu propia fuerza. Confía en el amor que habita en ti y haz lo que tengas que hacer para liberar y dejar fluir esas fuerzas.

Ritual
❀ *Atizar el fuego interno* ❀

Cálmate y llama a los ángeles:

«Ángeles del rayo rojo rubí, actuad ahora en mi vida. Enviadme la luz de la fuerza, del poder y del valor. ¡Recargadme! Llenadme con esa luz. La fuerza transmitida me lleva. Gracias.»

Estos ángeles dirigen hacia tu cuerpo la luz rojo rubí desde todos los flancos. Observa cómo esta luz gira formando espirales desde la parte superior de tu cuerpo, llevándose todos los obstáculos y manchas oscuras y sepultándolas bajo tierra. En el caso de que tu energía no se ponga en movimiento, establece comunicación con todo aquello que es de color rojo rubí en este mundo. Con el fuego que arde bajo la tierra. Deja que este fuego fluya a través de ti. Siente la fuerza del fuego.

Siente cómo ilumina y transforma todo. Todo lo oscuro en tu interior se desvanecerá. Tu fuerza vuelve a fluir.

Repite el ejercicio hasta que la luz fluya de forma luminosa y clara a través de ti. Cuando el proceso haya finalizado, los ángeles te envolverán en un manto de luz dorada, de tal suerte que la fuerza permanecerá en ti. La claridad, la fuerza y la confianza en ti mismo te acompañarán.

Retorna a tu vida cotidiana.

Si formas parte de un grupo al que le falte la fuerza o la decisión para actuar, llama a estos ángeles. Ellos os enviarán su energía y reforzarán la confianza del grupo en alcanzar sus metas. También en el caso de relaciones y parejas consiguen fortalecer e inducir la confianza y la capacidad de decisión. La energía se conserva en el seno de la relación gracias al «manto dorado».

Ángel del rayo violeta
Liberación

Mira hacia el cielo.
Contempla a los siete.
Mira a los ojos de los ángeles.
Observa el resplandor de la eternidad.
El fuego de la conciencia de la transformación
que gira en forma de espiral
te recorre con su fuerza.
Nosotros, los ángeles del rayo violeta
abrimos nuestras alas.
Te preparamos.
Juntos volamos contigo
hacia la eternidad.
Donde impera la paz y la libertad.
Detrás de ti quedará el horizonte
de las sombras que se desvanecen.

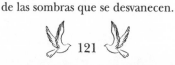

Trasfondo

El séptimo rayo de color violeta púrpura dirige la era de Acuario, que ha comenzado. Es el rayo de los místicos, de los altos/as sacerdotes/ sacerdotisas, de los chamanes y de todas aquellas personas que desarrollan una conciencia espiritual. La luz violeta del rayo exterior sirve para ampliar la conciencia, los conocimientos, para el desarrollo y la reunificación. La luz interior del rayo es amarilla dorada, el color del esclarecimiento.

Las legiones de ángeles que pertenecen a este rayo trabajan bajo el dominio del Arcángel Zadquiel y de su complemento divino Lady Amethyst, el Ángel de la transformación. Estos ángeles están al servicio del desarrollo interno, de la meditación, de la liberación y del perdón. A este grupo pertenecen entre otros ángeles: Kindel, un grupo de ángeles que protegen el destino y la crónica Akasha*; Imli, son ángeles que se encuentran en misterios superiores y que están al servicio de la preparación de las consagraciones; Karmael, el ángel que sirve de ayuda en la resolución del Karma**; El ángel Sophie, dirigente en los mundos espirituales del silencio; Hanael, aquel que induce procesos espirituales; Zafquiel, el ángel de la admiración que ayuda a alcanzar el estado meditativo.

Este es el rayo de las legalidades cósmicas. La función de sus ángeles consiste en difundir la luz violeta, supervisar las leyes cósmicas, conducir a los hombres a un tiempo nuevo, hacer posible la transformación de viejos estereotipos. Su luz ayuda a abrirse a la nueva dimensión de nuestra conciencia ampliada.

Significado de la carta

Si estos ángeles liberadores entran en tu vida, te estimularán para que te plantees de una forma totalmente distinta y nueva la vida que has vivido hasta ahora. En el caso de que les pidas que actúen en tu vida, te conducirán hacia el libro de tu vida. Aquí puedes volver la vista atrás, contemplar los lazos que en tu vida se unieron, pero que no terminaron de anudarse definitivamente y de los que te vas a libe-

---

* Crónica del mundo que se encuentra en el espacio astral y que existe desde el origen de los tiempos, que recoge y plasma todos los sucesos y pensamientos del pasado, del presente y del futuro en dibujos.
** Destino que actúa más allá de la muerte.

rar con calma gracias al ángel liberador. Aquí estás llamado a mejorar tus actuales condiciones de vida, escribiendo de nuevo las líneas de tu presente y de tu futuro. Mantén la vista atrás. ¿Qué lugares, circunstancias y personas te preocupan aún, a pesar de que hace tiempo que no forman parte de tu vida? ¿Qué cargas de tu pasado llevas aún a cuestas? ¿De qué quieres desprenderte, pues ya no te sirve para nada? ¿Con quién tienes una cuenta pendiente? ¿Con quién albergas aún esperanzas que te gustaría ver cumplidas, pero que no se llegan a cumplir?

En las parejas, estos ángeles procuran que tú y tu pareja adquiráis un concepto más profundo de vuestra relación. Así, por ejemplo, os deberíais plantear las siguientes preguntas: ¿Se conocieron vuestras almas en tiempos pasados? ¿Qué os une? Esto funciona si ambos estáis de acuerdo. Los mensajes que te envíen los ángeles se pueden manifestar a través de sueños, inspiraciones e imágenes. En el caso de que en tu pareja os unan «lazos negativos», podéis viajar con ayuda de los ángeles del rayo violeta a las altas jerarquías como los arcángeles o a Elohim y pedir la disolución de vuestra unión. También puedes invocar su presencia para tener un concepto más claro de aquello que tenéis en común en el plano espiritual los miembros de un grupo del que tú formes parte.

El mensaje de estos ángeles dice: Camina hacia la luz de la transformación y de la percepción ampliada. Allí despertarán en ti facultades desconocidas.

Ritual
❀ *El libro de la vida* ❀

Tómate tiempo y busca un espacio. Relájate y concentra tu respiración en el centro de tu corazón. Invoca a los ángeles del rayo violeta:

«Ángeles del fuego violeta, purificadme, liberadme, conducidme a nuevas dimensiones. Mostradme el camino, enseñadme cuál es mi cometido, el plan que debo seguir. Estoy dispuesto. Actuad ahora. Gracias.»

Los ángeles del rayo violeta te envían el fuego del perdón. Te envuelven en él. Si te sientes protegido en su luz, puedes pedirles que te comuniquen, a partir del libro de la vida, lo que es importante para ti en ese preciso instante. El violeta es un color cósmico. Te relaciona con dimensiones superiores de la existencia. Te permite mirar en los dominios del alma «inmortal». También les puedes formular preguntas. ¿Qué te une a determinadas personas? ¿Y a determinados grupos? Espera la respuesta. Puede venir en forma de una palabra, de una imagen, de una sensación. Da paso a tus recuerdos, pues imágenes de tiempos pasados también pueden transmitir un mensaje. Si se trata de recuerdos desagradables, entonces pide al ángel de la misericordia que purifique estas imágenes y estos sentimientos con el fuego violeta. Da las gracias y ten en cuenta que todo está hecho.

Si formas parte de un grupo, con la ayuda del ángel del rayo violeta podrás descubrir qué te une con las personas presentes en dicho grupo. Relaciones que te pueden causar daño pueden ser transformadas a través de la luz violeta y pueden verse fortalecidas relaciones que son importantes para ti.

Arcángel Miguel
Voluntad divina

Yo soy el arcángel del primer rayo.
Yo soy la fuerza divina dirigente azul zafiro.
El que me llama,
está bajo mi protección.
Con la espada de luz
de la clara decisión,
estoy al lado de
todo aquel que me llama
con mis legiones de ángeles,
para liberaros,
conjurar a los oscuros demonios de vuestro alma,
para protegeros,
induciros al valor y a la acción,
para guiaros y acompañaros
hacia la luz divina.

Trasfondo

El nombre «Miguel» significa «Quien es como Dios». Se le considera el ángel de la justicia, del valor, de la voluntad, del poder y de la fuerza activa. Según la tradición cristiana, se le reconoce como el ángel de rango más alto, como el confidente personal del Dios y como príncipe de los ángeles, y su nombre se menciona tanto en el Nuevo como en el Antiguo Testamento. Este arcángel no solamente le resulta familiar a la tradición cristiana: tres grandes religiones del mundo, el judaísmo, el cristianismo y el islam, reconocen a este «príncipe de los ángeles» como su protector. Los caldeos* le confirieron incluso un rango semejante al de un dios. Los egipcios lo convirtieron en el santo protector del Nilo. Los celtas lo veneraron durante mucho tiempo antes de la cristianización.

Miguel porta la espada de la verdad y es el líder de todas las legiones de ángeles. En el Apocalipsis de Baruc descubrimos que Miguel es el que guarda la llave del cielo y que nadie puede atravesar las puertas del cielo sin su aprobación. La mayoría de las veces se le representa como una figura apuesta, fuerte y joven, blandiendo su espada en su lucha contra los demonios. Por esta razón se dice que él fue quien aplacó el levantamiento de Satán y quien lo expulsó del reino de los cielos (Revelación 12, 7-9). La fiesta de San Miguel se celebra todos los años el día 29 de septiembre, y se dice que ese día Miguel suele encontrarse especialmente cerca de la Tierra.

La humanidad estuvo desde el año 600-200 antes de Cristo bajo el dominio de este arcángel y lo vuelve a estar desde el año 1879: Miguel conduce a los hombres de nuevo hacia el reino espiritual, y lo hace con la misma energía que la humanidad ha desarrollado en relación con la existencia terrenal. Con todo el poder de la voluntad divina, el arcángel Miguel, conjuntamente con su complemento divino, el ÁNGEL DE LA FE, Lady Faith y con las legiones celestiales a su lado, persigue la evolución hacia lo espiritual para que el hombre vuelva a retomar su unión con este reino. Miguel es la fuerza impulsora del primer rayo azul-zafiro y está al servicio de todos los planes constructivos y de todas las ideas de Dios. Él nos envía la decisión consciente de vivir bajo la voluntad de Dios.

---

* Pueblo del periodo cultural mesopotámico.

Significado de la carta

El arcángel Miguel aparece en tu vida para recordarte tu luz, tu valor, tu voluntad y tu fuerza para actuar. Él te dice, independientemente del proyecto que quieras comenzar, del momento de tu vida en el que te encuentres, que debes realizar tus trabajos con valor, voluntad y con fuerza activa. Déjate amparar y guiar por tu luz. En todo aquello que vayas a comenzar, él te ofrece la espada de las decisiones claras y te ampara con sus alas protectoras. Él es la voluntad divina en activo. Si tú colocas el uno (el principio divino, la voluntad de Dios) delante del cero (tu principio, tu voluntad), obtendrás el 10. Significa que multiplicarás tu fuerza por diez. Si, por el contrario, antepones tu voluntad a la voluntad divina, obtendrás 01; ¡has reducido diez veces tu propia fuerza y has reducido las posibilidades que tienes a tu disposición en una décima parte! El principio divino trabaja desde una esfera más alta que el espíritu humano. ¡Reconoce la fuerza! ¡Llámala! El arcángel Miguel te mueve a luchar por tus derechos.

Su mensaje dice: Preocúpate por tus metas. Déjate guiar por la voluntad divina para alcanzarlas. Confía en el camino que se te abre. La voluntad divina es sabia, te ilumina y está a tu servicio para el bien de todos los implicados.

Ritual
❁ Liberación de las ataduras invisibles ❁

Busca un espacio y consigue disfrutar de un tiempo en el que no vayas a ser molestado. Enciende una vela azul, limpia, purifica tu espacio y siéntate cómodamente frente a la vela azul. Respira profundamente la luz de esta vela hasta que sientas tu unión con dicha luz. Imagínate cómo la luz azul te envuelve y te protege. Estate atento a los pensamientos que te vienen en relación con tus obligaciones actuales. ¿Existe una persona con la que estés teniendo dificultades? ¿Hay algún proyecto concreto que pretendas cambiar por fin? ¿Existen cambios que quieras llevar a cabo? Si percibes que existe un pensamiento claro y evidente que comienza a rondar en tu cabeza, llama a tu arcángel o pronuncia una oración, en la que le pidas a Miguel su apoyo.

Oración

Querido arcángel Miguel,
yo te pido que me liberes de todas las ataduras.
¡Fortalece mi fe en lo bueno del hombre
y en la Divina providencia!
¡Protégeme en cualquier circunstancia de mi vida!
Deja que tus ángeles me protejan.
¡Ayúdame a ofrecer mi apoyo a otras personas! ¡Yo te doy gracias!

Afirmación

Sea tu voluntad, no mi voluntad.
Si se corresponde con la voluntad de lo divino,
entonces estoy preparado.

Invocación

¡Arcángel Miguel, ayúdame! ¡Ayúdame! ¡Ayúdame!
¡Arcángel Miguel, entra en mi vida!
¡Arcángel Miguel, libérame de mi actual situación,
libérame del mal!
Libérame de las energías opresoras.
Libérame de .../Ayúdame en ... (añadir alguna petición personal)
Mantenme lejos de las tentaciones, protege mi vida,
y guíame hacia la victoria sobre lo malo que hay en mí.
¡Arcángel Miguel, ayúdame! ¡Ayúdame! ¡Ayúdame!
¡Arcángel Miguel, entra en mi vida!
¡Arcángel Miguel apóyame!
¡Protege a mis niños! ¡Protege mi casa,
mi patio, todo lo que me pertenece!
Poderoso presente del YO SOY, YO ESTOY aquí

¡Y YO SOY un instrumento para los siete rayos y para los arcángeles!
No voy a retroceder. Me quedaré parado.
No voy a dudar en hablar.
YO SOY un instrumento de la voluntad divina, pase lo que pase.
¡Aquí ESTOY YO, ayúdame luz divina!
En nombre del arcángel Miguel y de sus legiones,
YO ESTOY libre y siempre estaré libre,
y ningún poder ni del exterior ni del interior
me podrá arrebatar la libertad.

Ángel de la fe
(Lady Faith)
Atención dirigida hacia el interior

YO SOY la fuerza original femenina
del primer rayo azul zafiro.
Yo llevo el manto protector azul
de la atención dirigida hacia el interior.
Yo me apoyo en la unión
con la unidad dirigida hacia el silencio azul.
En esa calma desarrollo contigo
la fe en la fuerza
de la propia visión
y te conduzco hacia las facultades que están ocultas en ti,
preparadas para ser desarrolladas.
¡Sígueme!

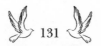

Trasfondo

El ángel de la fe se encuentra al lado del arcángel Miguel. En las escuelas americanas es más conocido como Lady Faith (faith, en inglés, significa fe). Es la faceta del rayo azul zafiro que representa a la acción y a la fuerza activa, cuando esta se expresa en forma divina. Una bonita colaboración de ambas fuerzas santas la podemos reconocer, por ejemplo, en Juana de Arco. Como hija de un granjero, Jeanne, o Juana, cuidaba a las vacas, y mientras realizaba sus tareas comenzó a rezar y a meditar. De ahí surgió la visión que le dio la fuerza, la voluntad, el valor y el impulso para actuar y para seguir dicha visión; independientemente de cuáles fueran las consecuencias de esta manera se convirtió en la Santa doncella de Orleans, cuyo cuerpo fue quemado en una hoguera, pero cuyas acciones excepcionales, cuyo valor y cuyas proezas han permanecido en nuestro recuerdo como un ejemplo de serenidad y de integridad. Así pues, se considera que el ángel de la fe es la fuerza que actúa previamente a la acción. Cuanto mayor es la intensidad con la que actúa, más claramente se manifiesta en las actos externos.

Significado de la carta

En el caso de que Lady Faith, el ángel de la fe, haya entrado a formar parte de tu vida, esto significa que estás obligado a guardar silencio. Es la fuerza visionaria que se encuentra previamente a la acción. Representa la atención, la concentración dirigida hacia nuestro interior. Del mismo modo en el que un arquero tira de su flecha hacia él, con el fin de que el arco se tense correctamente, para posteriormente dirigir la flecha hacia delante en la dirección adecuada, Lady Faith te invita a que te recojas interiormente y centres tu atención en tus facultades. Desarrolla esa fuerza. Conseguirás así que tus acciones resulten directas, dinámicas y seguras.

El azul es el color de la protección y de la limitación, aunque también del entendimiento y de la información. Si Lady Faith está a tu lado, esto significa que establecerás comunicación con tu interior, que aprenderás a conocer tu parte más interna, tu calma y tu fuerza interior. Saluda a Lady Faith y deja que te coja de la mano, permítele que te cubra con su manto azul de protección y de silencio y baja con ella hacia las profundidades de tu ser. Te sorprenderás de los tesoros y de las alhajas que vas a descubrir en tu interior. En el momento en el que las reconozcas, comenzarán a desarrollarse. Te mostrarán nuevos caminos. Si tienes algún problema, te enseñarán posibilidades para ti desconocidas de resolverlo. Si tienes una cuestión que te preocupe, confía en su compañía y regálales tu fe a aquellos que descubras. Lady Faith te brinda su protección y aumenta tu capacidad de intuición. En épocas de crisis no hay otra cosa que hacer que protegerte y establecer el contacto con tu centro interno.

Lady Faith te dice: En la cama está la fuerza.

Ritual
❀ *Profundizar en la fuerza de la fe* ❀

Busca un lugar en tu casa o en la naturaleza en el que nadie te pueda molestar. Únete a la fuerza del ángel de la fe, colocándote frente a una luz azul o vistiendo ropa de color azul. Siente la tranquilidad y la profundidad que emanan de esa fuerza. El agua es azul, los mares del mundo son azules, el cielo es azul. Establece comunicación con ese azul de la naturaleza. Percibe la inmensidad, la grandeza y la profundidad que hay en él.

Cuando sientas que has conseguido comunicarte con esta fuerza, déjate guiar por ella con plena confianza. Siente cómo se abre el cielo por encima de ti y cómo te encuentras en un templo azul. Concéntrate en tus deseos. Si los has formulado mentalmente, guarda entonces silencio y espera, quizá acudan a tu mente una palabra, una frase, un pensamiento, o una sensación, un olor o una idea, quizá también la imagen de la cara de un ser querido, de un lugar, o de una planta. Sigue a esa visión. Llama a la persona, pronuncia esa palabra o simplemente realiza esa acción que te venga en ese momento a la mente. Si en un principio tan solo experimentabas una sensación de calma en tu interior, abre al cabo de un tiempo los ojos y estate atento a lo que ocurra en los siguientes tres días. Ejercita el estar en silencio. Observa, escucha y siente aquello que se te cruce en el camino. Deja a un lado a tu YO, intentando hablar lo menos posible sobre ti o pensar apenas en cosas que a ti te incumban. Comunícate continuamente a través de tu mente con el ángel de la fe con el color azul. Ella está a tu lado en los tiempos difíciles, ofreciéndote un camino para superarlos, la posibilidad del recogimiento y de la introspección durante esta mala racha.

Mantra

El siguiente mantra ofrece apoyo al proceso de fe y de confianza:
«La paz se haga silencio y sepa que YO ESTOY en Dios.»
En el caso de trastornos procedentes del exterior, se aconseja pronunciar
este mantra mentalmente:
«La paz esté contigo».

Oraciones

¡«YO SOY» la fuerza de mi imperturbable fe
en Dios/el manantial/la luz eterna y en su ayuda!
¡La fuerza de la luz eterna está dentro de mí, a mi alrededor,
me guía maravillosamente!
Dios Padre/Madre Dios, te doy gracias por tu amor
y por tu presencia protectora
desde ti y a través de ti.

o:

¡Ángel Faith! ¡Ángel Faith! ¡Ángel Faith!
¡Guíame con tu esplendorosa fuerza!
¡Protégeme con tu luz azul incandescente!
¡Lady Faith, entra en mi vida,
fortalece mi fe, despierta mi fuerza,
estimula el valor que hay en mi,
condúceme hasta mi visión!
Aquí ESTOY YO, luz divina,
para descubrir el plan divino
y seguir la luz de Dios.

Arcángel Jofiel
Sabiduría

La inmensa sabiduría
del corazón de Dios
habita en mí,
el profesor que sirve
al segundo rayo amarillo dorado.
Mi fuerza poderosa es
la luz sabia,
delicada, receptiva y pacífica.
Si tu me llamas,
guiaré a tu alma abierta,
pacientemente y mostrándole la dirección
hacia el verdadero reino de la existencia.
¡La paz de Dios sea contigo!

Trasfondo

El nombre Jofiel significa «Dios es mi verdad». El arcángel Jofiel es la sabiduría que anida en el corazón de Dios. Sobre Jofiel no se ha escrito mucho, pues su forma de actuar pasa más bien desapercibida, es pacífica, no resulta inoportuna y está al servicio de aquellos que mantienen abierto el recipiente de la receptividad y que alcanzan así la verdad más alta. Él es la sabiduría activa de Dios.

La sabiduría es la ciencia del espíritu, de la mente, mientras que el saber es la ciencia de la materia. El saber es separatista, reductor, enfrenta todo de manera objetiva, de manera neutral, analiza, investiga. La sabiduría, sin embargo, realiza síntesis, establece una unión y consigue armonizar todo. El saber diferencia, la sabiduría une. El saber separa, la sabiduría unifica. La sabiduría es la síntesis de contradicciones irreconciliables, como, por ejemplo, femenino y masculino, arriba y abajo, negro y blanco.

De esta manera, Jofiel está en comunicación con la verdad suprema, la que consigue establecer la armonía entre el corazón y la razón. Mira con el ojo para que todo pueda ver. Está tranquilo, y cuanto más tranquilo está, con mayor precisión percibe, siente. Jofiel es el profesor. No transmite hechos, sino que irradia la luz de la verdad que todo lo abarca, que ilumina a los demás. Espera con una paciencia infinita hasta que el «último peregrino fatigado» ha encontrado su camino de regreso a casa, antes de permitirse atravesar la puerta de la plenitud inconcebible. Su lema es el siguiente: «Tengo la serenidad para aceptar las cosas que no pueden cambiar, y tengo también el valor de cambiar aquello que puedo cambiar y la sabiduría de diferenciar entre ambas, y de saber esperar aquí hasta que también tú te hayas cansado de la lucha de la vida y de que emprendas el camino hacia la luz.» Él sirve a la luz. Las personas que lo llaman para que entre en sus vidas encuentran en su presencia protección, seguridad y una sabiduría que afluye.

Significado de la carta

En el caso de que Jofiel entre en tu vida, será esto un indicio de que estás llamado a recibir la sabiduría del gran espíritu. Si llamas a la puerta, se te abrirá; si buscas, encontrarás. El arcángel Jofiel es una fuerza luminosa como el Sol, que está siempre ahí, independientemente de que tú le dediques atención o no. Es pacífica, paciente, delicada, cariñosa, tranquila en sí misma, confiere seguridad. Si te diriges conscientemente a ella y le permites que entre a formar parte de tu vida, te tocará en lo más profundo y te llevará por el sendero de la sabiduría hacia los campos de una vida plena y rica. Jofiel espera hasta que estés preparado para este conocimiento.

EL mensaje de este ángel dice: MIRA CON EL CORAZÓN, PUES LO EVIDENTE NO ES VISIBLE PARA LOS OJOS (según Saint-Exupéry, *El principito*).

Ritual
❁ *Emisión de la luz blanca dorada* ❁

Busca un espacio cómodo de recogimiento en tu casa o en la naturaleza. Respira profundamente y cálmate. Siente cómo poco a poco la calma se expande en tu interior. A continuación imagínate una luz blanca dorada que te envuelve completamente y que gira a través de tu cuerpo en forma de espirales.

Cuando te sientas totalmente lleno de esta luz, irrádiala hacia tu entorno. Primero hazlo en el espacio en el que te encuentras, después en tu entorno más próximo, en el siguiente pueblo o en la siguiente ciudad, en el campo y a continuación por toda la tierra. Siente que estás unido a todo. Retira entonces tu energía poco a poco y observa los cambios que se han producido en ti. También puedes enviar esta luz a personas, animales y plantas*.

Oración

Con el fin de establecer un nexo de unión más fuerte con la energía de Jofiel, puedes pronunciar las siguientes oraciones o invocaciones. Piensa simultáneamente en una persona querida que precise de tu ayuda o de tu apoyo. Pronuncia la oración con todo el amor que sientas hacia esa persona en tu corazón:

---

* Este fenómeno puede ser observado de manera más clara a través de las plantas. Si no confías en la energía de la luz, haz un experimento. Planta dos semillas de judías en dos macetas y cuídalas simultáneamente. Pero a una de ellas la envías diariamente a través de tus manos, por las mañanas y por las noches, entre cinco y diez minutos de luz. Observa lo que sucede.

El Señor/Dios/El Padre/La Madre te bendigan y te protejan;
el Señor te ilumine con su rostro y sea misericordioso.
El Señor eleve su faz sobre ti y te confiera paz.
El Señor bendiga a tu hermano/a ... (nombre del afectado).
(4. Mo. 6, 24-26)

Mantra

Repite cuatro veces o las que sean necesarias hasta que la sensación de estar separado desaparezca:

«YO SOY TÚ, Y TÚ ERES YO.»

Reza entonces cuatro veces cada vez:

YO SOY la actividad del fuego cósmico.
YO SOY la actividad de la llama cósmica.
YO SOY la actividad de la luz cósmica.
YO SOY la actividad del amor cósmico.
YO SOY la actividad de la sabiduría cósmica.
YO SOY la actividad del poder cósmico.
YO SOY la actividad del equilibrio cósmico.

Otro mantra también muy poderoso es:
«¡PADRE MADRE FUEGO LLAMA LUZ AMOR y yo somos UNO!»

Ángel de la constancia
(Lady Konstantia)
Percepción receptiva

El rayo amarillo dorado servidor de la sabiduría divina
te revela la santa visión interna
de tu verdadero ser.
El cáliz de la receptividad
te pone en contacto con
la fuerza del conocimiento directo.
Ábrete a mi ofrenda,
a la percepción receptiva,
a la fuerzas que fluyen a tu alrededor.
Ellas te portarán
sobre las alas de la luz
con delicadeza y cariño
a través de tu camino
hacia el enriquecedor e inagotable manantial.

Trasfondo

El ángel de la constancia, Konstantia, en ocasiones también recibe el nombre de Christine (Cristina), es la fuerza femenina del segundo rayo amarillo dorado, a la que se atribuye el conocimiento intuitivo, la fidelidad, la percepción, la energía microscópica y el tacto. Es la energía femenina que se encuentra al lado del arcángel Jofiel. Su aparición es sencilla y, sin embargo, de ella emana un amor atrayente, magnético, que fascina a cualquiera, un amor que se abre a la delicadeza y al deseo interno de tener una perspectiva global. Su fuerza viene muy bien expresada cuando nos fijamos en la vida de Santa Clara de Asís, quien fundó en el siglo doce, junto a Francisco de Asís, la orden de las Clarisas. Esta orden se consagra a la sencilla ofrenda de la «visión interna de Dios».

Constancia porta el cáliz de la riqueza interna en la mano, dirigiendo su mirada hacia el amor de Dios y de la creación. No necesita apropiarse de ningún conocimiento, experimentar una escuela superior. Tiene la fuerza del conocimiento-con-el corazón. Su amor es una especie de entendimiento profundo de la alianza y de la fuerza positiva que posee cualquier vida, y esto lo expresa abiertamente y sin reservas. Niega todo aquello que pone obstáculos, que critica y que induce a la separación, porque en todo ve la unidad. Piensa con el corazón y ama con la razón. Su entendimiento carece de compromiso alguno, descubre todo lo oculto, va directo al grano, pero de la manera más delicada. Llega hasta el fondo de sus hermanas y hermanos. «Lo mínimo que le hayas podido hacer a esta persona me lo habrás hecho a mí», esta afirmación de Jesucristo bien puede ser su lema.

Significado de la carta

De manera delicada y apenas perceptible, Lady Konstantia te envuelve en su amorosa y sabia luz de color amarillo dorado. Te conduce hacia la sabiduría de tu corazón y te recuerda que todo está relacionado entre sí. Te confía el cáliz de tu capacidad de recepción. Te saca de la penumbra, te lleva a tu propia luz y te recuerda con amor la llamada del plan de tu propio alma. Únete a la ofrenda de tu capacidad de amar y del amor hacia la vida.

Tu vida es para ti un regalo del manantial divino. Libérate de ataduras, miedos y de la autocompasión. Estas son las barreras que enturbian la visión de tu sabiduría y la verdadera esencia de tu vida. Lady Konstantia te permite fluir con tu fuerza, descubrir lo bello y lo positivo en todo y abrirte a tus ganas de vivir. Aumenta tu potencial energético y despierta en ti la fuerza de tu magnetismo.

También te induce a comprender a tus hermanas y hermanos y a entender que todo está relacionado y que todo aquello que les hagas a otros seres de la creación te lo estás haciendo a ti mismo. No existimos de forma independiente unos de otros. Todos estamos relacionados. Konstantia te lleva a reconocer lo auténtico con la fuerza del corazón. Te dice: EL MUNDO COMO TÚ LO VES, LO VIVES Y PERCIBES ES EL ESPEJO DE TU ALMA.

Ritual
❀ *El espacio de la belleza omnipresente* ❀

Tu capacidad de amar es omnipresente. No necesitas buscarla, ni ganártela o acercarte a ella con esfuerzo. ¡Está precisamente en este momento aquí! ¡Simplemente comunícate con ella! Airea tu corazón y abre tus puertas a la luz del sol.

Espira e inspira profundamente. Siente cómo el aire maravilloso te proporciona energía cada minuto. Tú inspiras aire fresco y espiras aire que ya has utilizado. Al inspirar, piensas en aquellas cosas que despiertan en ti una sensación agradable. Al espirar, sale de ti lo que te ha bloqueado hasta ahora y lo que no te beneficia. Abre tus ojos y obsérvate a ti mismo en ese lugar en el que te encuentras. Descubre su belleza o contribuye a embellecerlo. Piensa sobre aquello que te gusta de ti. Cuéntales a los demás qué es lo que encuentras de admirable en ellos. Ábrete a la belleza y a las propiedades positivas de ti mismo y de tu entorno siempre que acudan a tu mente. No mires a tus semejantes con los «ojos del enemigo», sino con el «amor del amigo».

Oración

Para establecer un nexo de unión más estrecho con esta fuerza, puedes pronunciar una oración de gracias, agradeciendo todo aquello que te resulta tan normal: salud, tener algo que comer cada día, un tejado sobre tu cabeza, una mente sana, personas que te quieren, etc. Simplemente di: «Te doy gracias por...», o puedes rezar lo siguiente:

Oh Padre/Madre, manantial de la luz eterna,
haz de mi un instrumento para alcanzar tu paz.
Allí donde hay odio, permíteme que traiga el amor.
Donde hay ofensa, ahí lleve yo el perdón.
Donde hay desunión quiero llevar la unión.
Allí donde hay duda, déjame llevar la fe.
Donde hay error, ahí llegue a través de mí la verdad.
Donde hay desesperación, déjame que lleve la esperanza.
Donde hay tristeza lleve yo la alegría.
Allí donde hay penumbra sea yo el portador de la luz.
Oh maestro, haz que no busque tanto
el ser consolado, sino que sea yo quien consuele,
el ser amado, sino que sea yo el que ame.
Porque: Al que da, le será dado.
El que perdona, será perdonado.
El que muera, resucitará en la vida eterna.
(Oración de San Francisco de Asís)

Arcángel Chamuel
Espíritu activo

Yo soy el arcángel,
que envía la fuerza del corazón de Dios.
A través de mí actúa el espíritu activo.
Yo te uno a la fuerza universal del amor divino.
A partir de ahora deberá guiar tus actos,
conducirte en tus pensamientos,
enriquecer tus sentimientos,
acompañarte en tu existencia.
Toma la llama rosa del corazón y transpórtala,
sí, tú eres al que me dirijo,
te protegeré bajo mis alas durante la llegada de nuevos tiempos.
Y que tu luz verdadera fluya enriquecedora hacia este mundo.
Porque Dios te reconocerá a través de tus actos.
Así sea.

Trasfondo

Desde hace siglos el arcángel Chamuel resultaba desconocido para el hombre y tan solo unos pocos tenían acceso a su conocimiento. Se le califica como «la fuerza del corazón de Dios». Chamuel significa «Dios es mi meta». El reto más importante de la humanidad es, sin duda alguna, despertar en Dios. Chamuel es el acompañante que te servirá de ayuda en el camino para llegar a esa meta. Junto a su complemento divino, el ángel de la caridad o Lady Charity, Chamuel está al servicio del desarrollo de la conciencia de la humanidad, con el fin de que esta pueda seguir el sentido mayor de su existencia. Trabajan con el rayo rosa para poder restablecer el flujo de la fuerza emocional del corazón. Gratitud, entrega, veneración y una bondad infinita son cualidades que se les atribuyen.

Chamuel es el conocedor y el guardián del saber sobre la verdadera fuerza del corazón. Es la inteligencia activa de la creación. La poderosa oscilación magnética del arcángel Chamuel une la idea celestial con la materia y la transforma en forma física. Él es el mediador de la vida justa sobre la Tierra. Teje el tejido a partir del cual nacen los deseos más profundos, los sueños, las esperanzas, las visiones y las ideas que posteriormente se materializarán en este mundo. Despierta el deseo de llegar al manantial divino verdadero. Es la fuerza de los sabios y de los místicos.

Significado de la carta

Si te alcanza la luz del corazón del arcángel Chamuel, pídele que entre en tu vida. Con la luz rosa en su mano, está junto a ti para relacionarte con una fuerza mucho mayor y más poderosa. En el momento en el que la luz rosa toque tu corazón, se unirán el corazón y el alma. Esta fuerza trae responsabilidad consigo. Porque es voluntad de Dios que a todas las criaturas les vaya bien y que sean felices. En el momento en el que la fuerza del rayo rosa se desarrolle en tu vida, tu campo de visión se ampliará.

¿Cuido bien de mí mismo y me quiero? ¿Velo por los intereses de mi pareja? ¿Cuido bien de los seres que están bajo mi custodia? ¿Difundo mi amor por el mundo? ¿Cuáles son mis deseos, mis oraciones y mis visiones? ¿Sigo mis inspiraciones interiores o dejo que se marchiten como una flor sin agua? ¿Respeto en ello la vida de mi entorno, la vida de la madre Tierra? Si estas preguntas aparecen en tu conciencia, significará que Chamuel ha comenzado a actuar.

La energía que te envía Chamuel es íntegra. Con esta energía no podrás regatear ni comerciar. Tan solo puedes aceptarla y utilizarla de forma responsable. Cada deseo que te salga del corazón, cada oración que dirijas hacia la luz celestial, será escuchada. ¿Pero cuál es la escala de valores que se tiene en cuenta a la hora de cumplir ese deseo o de escuchar tus plegarias? Para ello solo existe una regla: ¿Induce al desarrollo de tu alma o no? Si la respuesta es sí, el deseo se verá cumplido. Todas las oraciones que son enviadas con intenciones interesadas o egoístas se desvanecen en el amor activo divino, ya que no pueden mantener firme esta fuerza.

Chamuel te dice: QUIÉRETE A TI MISMO Y SIGUE LA LLAMADA DE TU CORAZÓN.

Ritual
❀ *Cumplimiento de los deseos del corazón* ❀

Busca un lugar tranquilo en el que puedas recogerte. Respira profundamente un par de veces y cálmate. Susurra un tono que salga espontáneamente de ti. Ese tono es el tono de tu corazón. Concéntrate en él y susúrralo un par de veces hasta que te hayas retraído en tu corazón.

Ahora plantéate la pregunta acerca de tu más anhelado deseo que salga del corazón. Imagínatelo en todos los colores y detalles y analiza hasta qué punto sirve al bien de todos. ¿Qué es lo que aportaría el cumplimiento de este deseo? Si tienes ya todo claro al respecto, envuelve tu deseo en un globo de aire rosa y envíalo al universo. Desconecta y vuelve de nuevo al lugar en el que te encuentras. Analiza aquello que puedes hacer en tu vida cotidiana para hacer realidad tu deseo. Recárgalo una y otra vez con el rayo rosa y observa cómo se va transformando y convirtiéndose en tu verdadero objetivo.

Oraciones

¡Arcángel Chamuel, arcángel Chamuel, arcángel Chamuel,
entra en mi vida,

amarra la llama rosa a mi corazón,
de modo que fluya al mundo desde ahí!
¡Apóyame!
Enséñame a amar de verdad y sinceramente.
Enséñame el sentimiento de entrega y de profunda confianza.
Úneme a la sublime oscilación de amor divino,
que a partir de ahora vive en mí e irradia desde mí.
¡Enséñame el respeto por la vida!
La gracia sea contigo benevolente servidor de Dios.

o:

¡(Inspirando) YO SOY
(Espirando) EL PODEROSO AMOR DE DIOS
(Inspirando) ACTIVO
(Espirando) AHORA!
(Repite este ejercicio cuatro veces)

o:

¡Presencia de amor divino!
Envuélveme en tu luz.
Te pido con la fuerza de todo mi ser,
que cures las heridas de mi corazón
y que seas misericordioso conmigo.
Cura las heridas de ... (incluir el nombre de una persona)
y ten misericordia con él/ella.
Guíame, condúceme, transfórmame.
Déjame convertirme cada día más en el amor activo de Dios.
Te doy las gracias desde lo más profundo de mi ser.
¡Así sea!

Ángel de la caridad
(Lady Charity)
Compasión universal

La oscilación suave de color rosa
la envío hacia tu corazón al ritmo de las olas.
La confianza original de mi fuerza
abre de nuevo las puertas de tu corazón
para limpiarlo de las viejas heridas del pasado.
Yo sirvo al tercer rayo divino,
al amor del corazón divino,
al envío de la fuerza magnética
de la llama rosa.
Ábrete a ella y volverás a experimentar
en tu vida la energía original del amor
que late en la belleza de la creación.
Haz que la fuerza de tu corazón fluya hacia el mundo.

Trasfondo

El ángel de la caridad, conocido también con el nombre americano de Lady Charity, es la «hermana misericordiosa, caritativa». Al lado del arcángel Chamuel, este ángel está al servicio del tercer rayo rosa con la divina llama de su corazón. Su función consiste en curar viejas heridas de amor, en renovar la energía de tu corazón y en llenarte de su fuerza magnética para reconciliarte y unirte a la plenitud de la creación y de la luz divina. Ella es la fuerza original que trabaja contigo en el manantial de la experiencia de tus sentimientos. Ella conduce tu conciencia hacia el plano de tus emociones y te invita a actuar sobre las heridas, los miedos y la confianza rota en los hombres y en el mundo. Te permite desarrollar una nueva sensación de vivir y te llena de energía de amor. Te pone en contacto con la madre Tierra. Su fuerza es la fuerza de los árboles florecientes y de las plantas en primavera, que se renuevan, que difunden un suave perfume y que abren de nuevo tus sentidos a la belleza de este planeta y al amor hacia la naturaleza, hacia la creación, hacia tus semejantes. Es la energía comunicativa del amor universal, que proviene de la profundidad de nuestro corazón y que alcanza todos los lugares del universo.

Significado de la carta

En el caso de que el sonido del ángel de la caridad alcance tu corazón, entonces significa que estás llamado a ocuparte de tus emociones y de la fuerza de tu corazón. Esto quiere decir que debes cuestionarte las relaciones que te rodean. ¿Habitan en tu corazón heridas no tratadas de relaciones de pareja pasadas, relaciones de tipo padres-hijos, de la relación con la fuerza divina? Atraviesa valeroso las puertas de los sentimientos insalvables y libera la fuerza que en ellos anida. Renueva tu energía amorosa, límpiala de viejas heridas y de emociones negativas. Atraviesa con valor estos sentimientos con la energía rosa del ángel de la compasión con el fin de transformarlos. El ángel de la caridad te aconseja: «Avanza con mi amor hacia el sentimiento de tu debilidad y vulnerabilidad y encontrarás tu fuerza».

Porque: tras la sensación de tus dolores, encuentras tu placer y tu alegría. Detrás de la sensación de desesperación encontrarás tu verdadera esperanza. Detrás del sentimiento de tu miedo encontrarás tu seguridad y tu amparo. Detrás del sentimiento de soledad encontrarás tu amor y tu amistad. Detrás del sentimiento de tu odio hallarás la capacidad de amar. Acepta las privaciones de tu infancia y encontrarás la plenitud en tu presente.

El ángel de la caridad te habla: En el corazón humano no se encuentra ningún sentimiento que solo hubiera en ese corazón, que de ninguna otra forma o en ninguna medida pueda estar presente en cualquier corazón.

Rituales

❁ Purificación ❁

Enciende una luz de color rosa. Rodéate de un delicado perfume floral, por ejemplo, a rosas, magnolias, orquídeas, a la flor del cerezo. Espira e inspira profundamente hasta que te sientas inundado de esta luz rosa. Concéntrate en tu corazón. Deja que una corriente de luz rosa fluya a través de tu corazón y observa cómo las manchas negras, las cicatrices, etc., son arrastradas sencillamente por esta corriente. Realiza este ejercicio durante 5-10 minutos y repítelo varias veces al día. Puede ocurrir que escenas de tu infancia, personas que te hicieron daño o situaciones que ya están totalmente olvidadas vuelvan a pasar ante ti. Compórtate como un observador y ¡deja que todo pase de largo! Tú no necesitas preocuparte más por este tipo de escenas. Ya han pasado. Agradece simplemente esta purificación.

❁ Oración ❁

Adopta una postura que te permita permanecer sentado durante cierto tiempo de manera cómoda. Imagínate la luz rosa del ángel de la caridad en tu corazón. Obsérvate a ti mismo con una sonrisa en el rostro. Acéptate con tus defectos y tus debilidades e intenta percibir comprensión y alegría. Recuerda tus buenas cualidades, tu talento y tus facultades. Mientras recitas la oración, imprime la fuerza rosa en cada palabra. «Que me vaya bien, sea yo feliz, libre de miedos y preocupaciones. Sea yo libre de la intranquilidad, de la duda y del enojo, esté sano y seguro, que viva satisfecho y feliz. Igualmente, pido que mis padres sean felices, los que me han regalado la vida, que dejen atrás las dificultades y que caminen seguros por su camino. Que vivan felices y en paz. Pido que mis hermanos, mis amigos y familiares, así como las personas cercanas a mí sean felices y que estén seguras. Pido que se mantengan libres de miedo y de ambición. Libres de sufrimiento y dolor, que solo les sucedan cosas buenas y que sus actos den buenos frutos.»

Piensa ahora en personas neutrales con las que te encuentras en tu vida cotidiana, en la calle, en la vecindad o en el trabajo. Personas a las que no conoces en profundidad, pero a las que, a pesar de todo, deseas suerte, satisfacción y salud. Reza:

«Que mi luz amorosa se extienda y los irradie también a ellos. Que lleven a cabo actos buenos que les proporcionen fuerza y alegría. Que estén libres de enfermedades y de preocupaciones. Que aquellas personas con las que tenemos dificultades en nuestro día a día, que nos han hecho daño o perjudicado, que nos han engañado o dejado en la estacada, que sientan esa bondad llena de amor. Que les vaya bien. Que gocen de salud. Libres de dolores, de enojo, de miedos y de temores, libres de la infelicidad y de obstáculos. Que por su camino encuentren la verdad y que vivan felices y satisfechos.

En nuestro corazón podemos sentir una energía cálida, que crece y que se hace cada vez más fuerte. Y podemos dejar que fluya en todas las direcciones. Que este amor se extienda universalmente en todas las direcciones del mundo, que cree unidad y que haga felices a todos los seres vivos. Que traiga la bendición a nuestra ciudad, a nuestro país, a nuestro continente, a todos los países y continentes, a las más diversas culturas, costumbres, lenguas y religiones. Que también todos los minerales, plantas y animales sean felices, ya sea en el aire, en la tierra, en el bosque, en el campo o en las montañas, en el suelo o en el agua.

Que todos los seres vivos sean libres y felices y que regalen amor a los demás. ¡Así sea, en nombre del manantial!»

Arcángel Gabriel
Renovación

Yo soy el arcángel del rayo puro, blanco y cristalino.
Yo traigo el mensaje de un nuevo comienzo.
Aquel que se expone a esta luz divina renacerá.
¡Aquel que me llame lo llevaré
a su pureza y virginidad,
para que progrese en el camino de su desarrollo
y que cada hora, cada día,
pueda orientarse hacia la luz divina,
libre del peso del pasado!
¡No temas, yo soy el heraldo de la nueva era!

Trasfondo

El nombre Gabriel significa «La fuerza creadora de Dios». Frecuentemente se representa como un cuerpo luminoso de tamaño majestuoso, con vestiduras blancas o azuladas con lilas blancas, símbolo de retiro, renacer y pureza. Gabriel es el arcángel del nacimiento y de la encarnación, pero también del saber universal y de la ley. Aparece para pregonar el mensaje de Dios. Él anuncia a María el nacimiento de Cristo, avisa a los pastores de la natividad del hijo de Dios. También se le aparece a Zacarías, el padre de Juan el Bautista, y le anuncia la llegada del hijo de Dios. Él dicta a Mahoma las páginas del Corán.

Entre 1510 y 1879 la humanidad estuvo bajo el dominio del arcángel Gabriel. Como regente de esta época, de él emana un impulso muy determinado para el desarrollo de la humanidad: él introdujo las almas en la existencia terrenal. Se consideran como impulsos gabrielianos los viajes de descubrimiento, el desarrollo de las ciencias naturales, las renovaciones espirituales y culturales. El hombre conquistó poco a poco la tierra y la encauzó a sus deseos y necesidades. En época reciente está al servicio junto a su complemento el ángel de la esperanza, de la renovación y perfección divinas. Es el guardián de la luz blanca ascendente.

Significado de la carta

El arcángel Gabriel entra en tu vida para recordarte tu pureza y virginidad original, tu modelo divino original. Gabriel te anuncia que es tiempo de purificar viejos asuntos. El hombre fue creado a imagen de la perfección de Dios. Te invita a restablecer tu luz en claridad y pureza, puesto que liberas tu alma de viejos modelos inculcados, de imágenes y de rejas. Tu alma puede así irradiar al mundo a través de ti con toda su fuerza, intensidad y belleza. Déjate llevar a nuevas experiencias de tu existencia. Retorna a tu antigua virginidad y pureza. Supera el abismo que hay en ti entre el entendimiento exterior y la fuerza innata y divina. El arcángel Gabriel está contigo con innumerables ángeles cuando decides desatar esta fuerza. El rayo blanco de la claridad eleva cada fuerza y transmite cada color.

El mensaje de Gabriel dice así: Todo nuevo día es un nuevo comienzo. En cualquier momento puedes comenzar a renovarte y deshacerte de viejos lastres.

Ritual

❁ *Purificación del templo del alma* ❁

El arcángel Gabriel te explica que tu cuerpo es el templo de tu alma. En él y a través de él actúa una energía que, por una parte, conserva las funciones materiales y, por otra, la fuerza para sentir, pensar y actuar. ¿Cómo has aprovechado hasta ahora tus fuerzas? ¿Cómo has utilizado estos dones? ¿Te imaginas tu cuerpo como un recipiente que contiene todo aquello que has vivido, pensado, sentido y hecho hasta ahora? ¿Qué aspecto tendría un líquido que contuviese todo esto?

Obsérvalo con tu mente durante algún tiempo. Respira profundamente unas cuantas veces y deja salir este viejo fluido. Es expulsado al suelo con cada respiración que realices y el suelo lo toma y comienza a purificarlo. Cuando se vacía tu recipiente, imagínate un claro rayo luminoso que lo purifica. Rellena entonces este recipiente con un líquido blanco cristalino.

Los días sucesivos dedícate al tema de la purificación. Observa lo que te ensucia: ¿Se trata de personas de tu entorno que irradian continuamente sensaciones negativas? ¿Es acaso un lugar, son emociones en ti? ¿Qué pensamientos albergas? ¿Te estimulan?… ¡Observa! Simplemente agradece cada conocimiento que te llega. Reflexiona en la vida cotidiana lo que Dios vería, sentiría y pensaría si pudiera ver a través de tus ojos y actuar a través de ti. Comienza a desarrollar en ti una nueva forma de ver en tu interior.

Por lo demás, el agua es un buen medio de purificación interna y externa. Aprovéchala.

Oración

¡Arcángel Gabriel! ¡Arcángel Gabriel! ¡Arcángel Gabriel!
Actúa en mi vida,
acompáñame a través de las etapas de la purificación.
envíame la fuerza para purificar mi cuerpo,
envíame la fuerza para purificar mis pensamientos,
envíame la fuerza para purificar mis actos.
Que mi ser experimente renovación

y que actúe en mi entorno
sano, sagrado y puro.
Deja que me convierta en un recipiente cristalino
del rayo divino.
¡Gracias por tu asistencia!
¡Así sea!

O bien:

¡Dios Padre/Madre Dios!
Socórreme. Intercede en mi vida.
Purifícame de todas las energías,
Que no se corresponden con la existencia divina.
Deja que me convierta en el templo de la pureza.
Lo agradezco desde lo más profundo de mi corazón.

Ángel de la esperanza
(Lady Hope)
Armonía suprema

Oculto en mi claro rayo blanco
te conduzco sobre el rayo de
la luz interna.
A través del puente de la inseguridad,
a través de la niebla de los miedos y las dudas surgidas,
hasta las orillas del renacer.
Descansa un poco en mis brazos.
Crea la fuerza del arco iris.
Lleva entonces al mundo el conocimiento
de la esperanza transformada en verdad.
Ella espera tu contribución.

Trasfondo

El ángel de la esperanza, denominado Lady Hope en las escuelas americanas, es la fuerza primitiva del cuarto rayo blanco cristalino. Junto con el arcángel Gabriel custodia el rayo blanco cristalino y la luz ascendente. La literatura americana registra recientemente innumerables noticias sobre él por medios clarividentes. En el ámbito europeo realmente apenas es conocido. Se describe como una luz suave, pero encendida homogéneamente, intensa y sabia. Se consagra, secretamente en toda modestia y pureza, al estudio de la armonía divina, con la esperanza de que la Tierra regrese lentamente a su estado original.

La actuación del ángel de la esperanza podemos reconocerla rápidamente en la figura de la Santa Hildegard de Bingen: fuerte, delicadamente y con claridad siguió su camino. Fue visionaria, estudiosa, profeta, investigadora, médico, escritora, poeta, predicadora, maestra, monja y hermana. Una mujer comparable a un receptáculo divino, que intercedía a favor del saber, de la profunda armonía, del orden cósmico y del amor, actuando a través de su ser. Mediante una vida de sobriedad, pureza y armonía, desplegaba todo el espectro cromático del arco iris, que está contenido en el color blanco.

El nombre Hope procede del inglés y significa esperanza. El ángel de la esperanza es portador de la esperanza de la humanidad. Espera pacientemente a su regreso a la luz a través de la conciencia y el conocimiento de la verdad. La verdad posee muchos colores, tonos y facetas.

Significado de la carta

Lady Hope entra en tu vida con diáfana discreción. Coloca suavemente su mano sobre tu hombro y te susurra al oído «el saber del arco iris». Cuando entra en tu vida, te anuncia un nuevo e inminente comienzo. ¡Puedes escuchar o no su mensaje! De ti depende, pues la transformación se produce, independientemente de que tú lo percibas o no. Si estas tranquilo, escuchas sus palabras y reconoces los signos del tiempo, te conviertes en copartícipe de la creación del nuevo comienzo. Tienes capacidad de actuación y puedes convertir en realidad aquello que es importante para ti y experimentar una reestructuración en total consonancia y armonía con tu mundo interior. Si haces caso omiso de su mensaje, quizá te sientas como víctima de las circunstancias y no aciertes a comprender cómo ha podido suceder todo. Experimentarás el nuevo comienzo como algo fatal a lo que hay que resignarse.

Pero tu tienes la elección. Invítalo a entrar en tu vida, te llevará delicada y discretamente y con toda serenidad a través de las adversidades de un nuevo comienzo. El ángel de la esperanza te aconseja: AMA MÁS LA ESPERANZA QUE LA VERDAD, PUES ENTONCES HABRÁ ESPERANZA. PRONTO LA ESPERANZA YA NO ESTARÁ AQUÍ, PUES SE HABRÁ CONVERTIDO EN VERDAD.

Ritual
Nuevo comienzo

¡Se anuncia un nuevo comienzo! Un nuevo paso en la evolución, otra posibilidad de desarrollar tus capacidades ocultas. Piensa sobre los tiempos pasados: ¿Qué signos te anuncian un cambio inminente? ¿En qué ámbito sientes que algo tiene que cambiar? ¿Hay algo que te presiona como la rueda de un molino? No te preocupes durante mucho tiempo. Plantéate la situación y reflexiona sobre lo que quieres cambiar y cómo hacerlo para que sea mejor para ti. Prepárate para nuevas experiencias.

Retírate y dedícate en profundidad al nuevo comienzo que se te anuncia. Reflexiona sobre lo que puedes cambiar, sobre lo que tú tienes que aceptar y sobre cuál es tu verdadero deseo en el asunto. Efectúa todos los pasos necesarios para ello, por ejemplo, profesionales, relacionados con tu vivienda, con tu pareja. Analízate a ti mismo por medio de las siguientes preguntas: ¿Qué es lo que me divertiría más? ¿Cómo puedo alcanzarlo? ¿Necesito más información para conseguirlo? ¿De dónde lo obtengo?, etc. Para recibir apoyo puedes encender una vela blanca y enviar a la luz cada inseguridad o miedo creciente.

Hope también te aconseja purificarte conscientemente. Así, por ejemplo, puedes intercalar un día de ayuno o de dieta de arroz. Purifica el cuerpo, la mente y el alma de autolimitaciones del pasado.

Invocación

¡Ángel de la esperanza, intercede en mi vida!
¡Muéstrame el camino!
¡Muéstrame la luz!
¡Muéstrame la verdad!

Ángel de la esperanza,
te doy las gracias por tu irradiación milagrosa
y por tu amor sabio hacia la humanidad y hacia todos los seres vivos.
Cólmame de fuerza luminosa positiva y divina,
de forma que me fortalezca y me guíe permanentemente.
Tu envías el poder de la esperanza
del amor sabio y de la transparencia
sobre toda la vida consciente que hay sobre la tierra
Envíame el rayo de la purificación.
Purifica mis pensamientos,
purifica mi cuerpo, mis sensaciones, mis actos,
de forma que resplandezcan con claridad en la luz del único.
Guíame para que despierte en la luz del único.
¡Qué así sea!

Arcángel Rafael
Recogimiento interior

A la corriente sagrada
del quinto rayo divino
de luz verde esmeralda
le dedico mi tarea
de conservar la salud
en cuerpo, mente y alma
según el ordenamiento cósmico
y la verdad universal.
Yo ordeno estructuras de pensamiento que limitan,
las transformo en fuerzas promotoras de la vida.
Mezclo el azul de la fuerza de la fe
con el amarillo dorado de la sabiduría divina universal.
El resultado es el concentrado verde
del crecimiento, de la curación
y de la verdadera riqueza interna,

que se preparan en ti para regalarle
a Dios la alegría.

Trasfondo

El nombre Rafael significa «Dios cura». Su cometido consiste en iniciar a las personas en el arte divino de la curación y en el conocimiento de la medicina. Su efecto está descrito en la Biblia y en el libro de Tobit. Tobit era un hombre viejo y ciego, que encomendó a su hijo Tobías recoger una bolsa de monedas de oro que había depositado en una ciudad muy lejana. Recomendó a su hijo que llevara consigo un acompañante, pues el camino era largo y penoso. Tobías se encontró con el arcángel Rafael. Rafael se le presentó como un hombre corriente y al principio no se dio a conocer. En el camino, Rafael adoctrinó a Tobías en el arte de la curación. También le enseñó métodos de exorcismo. A continuación, Tobías libró de los demonios a una mujer llamada Sara y curó a su padre la ceguera que sufría, valiéndose de los despojos de un pez. Asimismo, según la tradición judía, fue Rafael quien entregó a Noé un libro encuadernado en esmeraldas, que contenía todo el saber de la astrología, del arte de curar y de la expulsión de las fuerzas oscuras.

Rafael es considerado alegre, cariñoso, amigable y radiante. Es un acompañante agradable y suele representarse a menudo como un ángel con vestiduras verdes, con un libro verde esmeralda en la mano, la vara de esculapio (la vara de la serpiente de la medicina) y peces a sus pies. En la época actual sirve junto con la madre María al verde esmeralda de la curación.

Significado de la carta

Rafael, el gran sabio de las vestiduras verdes, entra lenta y suavemente en tu vida. Ha oído tu ruego de curación y ha acudido a tu llamada. Espera en el Trasfondo de tu ser a poder entrar en tu vida tan pronto se lo pidas.

Rafael te transmite los antiguos conocimientos del arte de curar. Te invita a considerar tu enfermedad desde una situación elevada. No evites los dolores, dirige toda tu concentración hacia el mensaje del dolor. Aprovéchate de él como sabio consejero que te ha comunicado algo importante. Rafael te enseña que todo puede curarse cuando estás preparado para trabajar en el plano de la conciencia. Te recuerda que eres perfecto y que esta es la verdad de tu existencia. Todo lo demás es un absurdo y puede caer de nuevo en el olvido. Estudia contigo y a través de ti.

Conoce tus fuerzas interiores del saber y de la intuición. Crece en tu verdadera existencia, pues en lo más profundo del alma de cada persona habita una fuerza curativa infinita. Un antiguo proverbio dice: un médico venda tus heridas, pero Dios las cura. ¡Que así sea!

El mensaje del arcángel Rafael dice así: CONFÍA Y CREE. AYUDA Y CURA CON LA FUERZA DIVINA.

Ritual
Activación de la energía curativa

Rafael te aconseja concentrarte en ti mismo y en tus circunstancias vitales. Primero te plantea la cuestión de tu fe. ¿En qué crees tú? ¿Qué opinas de ti mismo y de tus semejantes? ¿Cuál es tu relación con el medio ambiente? ¿Por qué piensas, por ejemplo, que esto o aquello es difícil? ¿De dónde procede este convencimiento?

Comienza, pues, por observarte a ti mismo y por preguntarte por pensamientos y convicciones. Escúchate a ti mismo. Cuando digas más de tres veces determinadas cosas, apúntalas. Son uno de tus modelos. Así, por ejemplo, puedes llevar un diario sobre tus pensamientos cotidianos. Vuelve a ser consciente de que nadie piensa en tu cabeza aparte de ti, que tienes el poder sobre tus pensamientos. Considera que los pensamientos son energía que envías al mundo y con la que creas tu realidad.

Empieza por concentrarte en la fuerza curativa divina y prepara a través de ella el camino a nuevas posibilidades, para una nueva experiencia. Concéntrate diariamente en la fuerza curativa del arcángel Rafael, imaginándote que te envuelve una luz verde. Verdes son los prados, los árboles y los bosques. Son las fuerzas que transforman el dióxido de carbono y que suministran aire a tus pulmones. Respira profundamente con la frecuencia con la que piensas. Comienza a comunicarte a todos los niveles con las fuerzas curativas que están en ti y a tu alrededor la naturaleza, la alimentación, las sensaciones bonitas, el aire puro, el movimiento del cuerpo, etc. Escucha el sonido de la intuición, del impulso en tu corazón. Este te retrotrae sabiamente a la primitiva sensación vital de la perfección y del puro placer de la vida.

Oración

Estoy amparado en la presencia curativa de Dios.
Mi existencia es eternamente perfecta.
Doy las gracias por la guía, el consejo y las fuerzas curativas de mi existencia.
Creo en el poder de la presencia curativa del YO SOY.
Te agradezco desde lo más profundo de mi corazón, a ti, origen de toda existencia,
pues en tu infinita sabiduría me llevas a mi gloria.

Afirmación

«Todo es posible para el que cree.»
(Marcos 9, 23)

o:

La fuerza divina me trae consejo y ayuda.

Mantra

Este mantra favorece tu salud. Te puedes imaginar una luz en forma de espiral, que gira alrededor de tu cuerpo.
«Cada átomo y cada célula de mi existencia resplandece en la luz de la perfección.»

Ángel del consuelo
(Madre María)
Bendito consuelo

YO SOY la reina de los ángeles, la madre divina
de la presencia curativa del quinto rayo.
Con la fuerza de mi luz verde resplandeciente,
del amor concentrado,
hablo directamente a tu corazón.
Conozco tu dolor.
Me son familiares
la aflicción y la tristeza de la finita existencia terrenal.
Siento contigo, estoy de tu lado.
En mi presencia experimentas
el anhelante consuelo de la verdadera eternidad.
Únete a mí.
Coloco mi capa protectora alrededor de ti,
hasta que se curen todas las sombras oscuras de tu corazón.

Trasfondo

La madre María es conocida universalmente como la Santa Virgen, que concibió a Jesús a través del Espíritu Santo y lo trajo al mundo. Es la más conocida de todos los santos. Es la reina de los ángeles, que se materializa en el aspecto de la virgen y madre de la diosa de la trinidad. María es la energía divina femenina reconocida en el cristianismo. A través del tiempo ha salvado la primitiva fuerza femenina en la época del cristianismo, que era enemigo de las mujeres. El nombre María procede del nombre hebreo Miriam y significa «sublime, fuerte, poderoso», pero también «obstinado» e «indomable». Durante la Edad Media se evitó el nombre de la madre de Jesús como nombre de pila, pero después de la reforma tuvo difusión universal: con sus numerosas variaciones, se trata de uno de los nombres de mujer más frecuentes.

Por todo el mundo se celebran numerosas fiestas, usos y ritos en su honor: fiesta de la Candelaria el 2 de febrero, nacimiento de María el 8 de septiembre, la Inmaculada Concepción el 8 de diciembre, la Asunción de la Virgen, por solo citar algunos. También existen innumerables testimonios de apariciones de María por todo el mundo. Numerosos estados teocráticos de Oriente y Occidente están consagrados a ella. Se suele representar con vestiduras rojas y capa azul, coronada por una aureola y el niño Jesús en brazos. Se ponen bajo su protección sobre todo los niños y las mujeres. Pero también se considera la patrona de muchas regiones y países. La multiplicidad de su aparición no es ningún milagro para aquellos que se han ocupado de la cultura germánica y celta precristiana, en la que la diosa era venerada y se la representaba de múltiples formas. Esto ya no se permitió tras la cristianización. Así pues, María ha asumido muchas tareas, lugares y rituales de sus «predecesoras». Como virgen negra se corresponde con los cuadros negros de Démeter, Perséfone, Afrodita y Artemisa. De esta manera se han podido venerar y conservar hasta la actualidad aspectos de la «fuerza de la diosa» en la figura de la madre María. Ha llevado la luz de la feminidad a lo largo del tiempo.

En la época actual es la fuerza femenina que, en unión divina con el arcángel Rafael, sirve para traer la bendición a la humanidad. Ambos se dedican a la función del rayo verde esmeralda, a la curación, a la verdad, a la consagración y a la concentración de la energía divina para llevar el bien a todos los seres vivos del mundo.

Significado de la carta

Cuando extraes esta carta te pones en contacto con una de las fuerzas angelicales femeninas más fuertes. María, la reina de los ángeles, te dice: «Conozco el camino terrenal, conozco el dolor, la tristeza y la aflicción. Son los acompañantes transitorios del camino y, a la vez, las mayores pruebas en la vida de cada persona. No estas solo. Te tiendo la mano y te invito a contemplar con todo tu valor el dolor que anida en tu corazón. Atravieso codo a codo contigo tus momentos más difíciles, me adentro en tus sentimientos más profundos y te ruego que reconozcas la fuerza que reside en ellos y te animo a que la conviertas en una parte de tu existencia. Después de cada época oscura vuelve de nuevo una época de luz, como el día que sigue a la noche. Y después de cada cresta, la ola vuelve de nuevo a la profundidad. La vida discurre en olas y sigue determinados ciclos. Cuando me lo pidas, te acompañaré en épocas de oscuridad, en momentos difíciles, llevaré tu carga, secaré las lágrimas de tus mejillas y te envolveré en mi manto de compasión y de amor profundo. Deja que este amor penetre en lo profundo de tu corazón. Que sepas que siempre serás querido, independientemente de lo que hagas. Únete a la fuerza curativa de tu corazón. Solo el amor es eterno. Dirige tu mirada a esta fuerza, sin darle importancia a lo que sucedió, a lo que ahora es y a lo que pueda venir. Que sepas que tú estás bendecido en este tiempo».

La madre María dice: Primero aspira al reino de Dios, y todo lo que necesitas hace tiempo que está ahí para ti.

Ritual
Oración a la madre María

María es una fuerza poderosa y sencilla. Está junto a ti cuando tu propia fuerza del corazón está reprimida, pues tu cuerpo está debilitado y tu alma sufre, debido a que, por ejemplo, te atormenta el destino de una persona próxima a ti, debido a que te sientes pesimista, a causa de la pérdida de una persona amada, etc.

A través de una oración, una invocación o una afirmación, puedes ponerte en contacto con la madre celestial. Enciende una vela verde como apoyo. En caso de que te atormente algo que tiene que ver con otras personas, enciende también otra vela para ellos. Recógete interiormente y reza con toda la fuerza de tu corazón una oración propia, a través de la cual expreses tu preocupación. También puedes optar por una de las siguientes oraciones, invocaciones o afirmaciones. ¡Por muy grande que sea tu dolor, tú posees la fuerza para establecer esta comunicación!

Oración

Madre María, bendíceme.
Confórtame con tu rayo curativo.
Tómame en tus brazos.
No dejes que me desespere en mi aflicción.

Madre de todos los ángeles,
envíame... (nombre de la persona a la que se dedica la plegaria)
los rayos de la esperanza.
No me dejes... (nombre de la persona) solo en estas horas.
Te ruego me envíes un signo de consolación.
Dame ahora/(nombre) valor, energía y la confianza que yo/él/ella
necesito/necesita en estos momentos.
Envuélveme/le/la en tu luz curativa,
extiende el manto de protección sobre mí / ...(nombre).
Gracias.

Madre María, bendíceme.
Quédate conmigo. Ahora y en la hora.
Gracias

Arcángel Uriel
Paz, lealtad, acción

Sirvo con todo mi ser
al divino rayo dorado y rojo rubí
procedente de la fuente de la eternidad.
Yo soy el umbral de la «Luz Suprema»,
que todos atraviesan.
Yo ilumino tu alma
y reconozco las oscuras manchas.
Yo te exhorto:
levántate, despréndete de tu cobardía y lucha.
Tu carácter acomodadizo, tu pereza y tu autocompasión,
no corresponden a la gran persona que tú eres.
Enfréntate a tu verdadera fuerza
Con toda lealtad
y cara a cara.
Para que puedas pasar este umbral seguro, en paz

y sin daño
y no te consumas en la luz de la verdad.
Mi cometido es contribuir a la irrupción
de la luz de tu alma.

Trasfondo

El nombre Uriel significa «Fuego de Dios» o «Luz de Dios». En algunos informes también se denomina Phanuel o Fortus Socius, «el compañero fuerte». En los libros Enoch y los Apócrifos descubrimos que Uriel fue llamado cuando Dios necesitó una mano poderosa.

Uriel debe ser el ángel que lucha contra Jacob (no Miguel) y que advirtió a Noé del Diluvio Universal. Es el ángel del juicio final, que presenta ante Dios a los pecadores. Se le describe como el arcángel con la espada ardiente, que se encuentra a la entrada del Paraíso y que no pierde de vista el Infierno. También vigila atentamente al trueno, al rayo y al terror, y es responsable de todas las luces celestiales, así como de los destinos de los pueblos y de las catástrofes naturales, que se producen como consecuencia del «alejamiento de Dios».

En las referencias bibliográficas más recientes contribuye, junto a Dona Gracia, en la actividad del sexto rayo dorado rojo rubí de la energía divina. Con miríadas de ángeles a su lado, se pone a nuestra disposición con el propósito de traernos la paz. La paz es, en sí misma, el requisito indispensable que precede a toda curación duradera de cuerpo, mente y alma. Uriel te guía en situaciones límite para liberarte de «fanatismos y capturas» y para recordarte lo que verdaderamente es importante en la vida. Con la fuerza de Uriel te preparas para la absolución.

Significado de la carta

Cuando Uriel entra en tu vida, te invita a atravesar el umbral de la luz suprema y a enfrentarte contigo mismo con toda sinceridad. Reconoce tus facetas oscuras. ¿Qué aguarda en ti? ¿Cuáles son las sombras del infierno que aún se pegan a ti? Uriel es la fuerza que es consciente de tu lado oscuro. Es la conciencia, el juez, pero a la vez dispone de compasión y de justicia. No consiste en exponerse a un peligro o a castigarse. Tampoco en despertar en ti sentimientos de culpabilidad. No, se trata de un equilibrio sincero, un «rendez-vous» con tu lado oscuro, una mirada retrospectiva a todo lo vivido hasta ahora. No se trata de la ocupación más agradable, pero sí que es muy importante y de gran ayuda cuando quieres experimentar en tu vida un engrandecimiento.

Atrévete a enfrentarte a tu infierno, que, por otra parte, te roba innecesariamente mucho tiempo y energía. Uriel no tiene prisa. Espera al otro lado del espacio y del tiempo, preparado en todo momento para interceder en tu favor. Conoce las leyes de la atracción y te aconseja ocuparte del reflejo de ti mismo, como muestras en tus circunstancias vitales. Es el barómetro sensible de tu alma. Uriel es también la fuerza de la esperanza, de la seriedad y de la sinceridad.

La acción de Uriel se explica claramente en una frase de Nelson Mandela: «Nuestro miedo más profundo no es que seamos insuficientes. Nuestro miedo más profundo es que tenemos en nuestro interior un poder ilimitado. Es nuestra luz, y no nuestra oscuridad, lo que más tememos. ¿Quién soy yo, nos preguntamos, que debo ser bello, estupendo y tener talento? Pero yo te pregunto: ¿quién eres tú? Tu eres un niño de Dios. Empequeñecerte no le sirve de nada a nuestro mundo. No hay nada de iluminado en el hecho de retirarse y recogerse para que otras personas no se sientan inseguras cuando se encuentren en tu proximidad. Hemos nacido para dar a conocer la gloria de Dios, que está en cada uno de nosotros. No solo está en algunos de nosotros, sino en todos. Cuando dejamos irradiar nuestro propia luz, ofrecemos inconscientemente a nuestros semejantes el permiso para hacer lo mismo».

El mensaje de Uriel es el siguiente: SED CONFIADOS Y RESUELTOS. NO TENGÁIS MIEDO Y NO OS DEJÉIS ESPANTAR, PUES EL SEÑOR, TU DIOS, SE TRANSFORMARÁ CONTIGO Y NO TE SOLTARÁ LA MANO NI TE ABANDONARÁ. (Deuteronomio 31: 6).

Ritual
La película de tu vida

Tómate tu tiempo y crea una atmósfera tranquila. Acuéstate y relájate. Respira profundamente un par de veces y comienza entonces a rebobinar tu vida como si fuera una película. Desde el momento actual hasta los primeros recuerdos. ¡Contempla la película! ¿Cuáles son los temas de esta película, los ejemplos y dramas que se repiten? Asume toda la responsabilidad de ello, incluso cuando sea injusto y falso y quieras responsabilizar a otros de ello. Comienza por asumir la responsabilidad de toda tu vida, con todo lo que ha sucedido. Solo así puedes ser el director de tu vida, modificar el guión y transformar pasadas heridas en belleza, riqueza y plenitud, para así atravesar incólume el umbral del «la luz suprema». Uriel es el acompañante solícito en este tiempo. No puede regatear contigo. Tu eres responsable de despertar a la vida la verdadera grandeza de tu ser.

Mantra

La fuerza de Dios me guía.

Ángel de la gracia
(Dona Gracia)
Gracia

La belleza del acto de dar,
grandiosa, espontánea y libre,
desde la profundidad de tu corazón,
es la función del rayo rojo rubí y dorado,
al que sirvo.
Yo te muestro los tesoros de lo divino,
que habitan en cada uno de nosotros.
Aprende a
alegrarte por la suerte de los demás.
A entregarte a ti mismo, a repartir, a ser activo.
El reconocimiento de que tu ayuda
puede ser muy importante y de que tiene su repercusión.
Comunícate, comparte tu amor,
tu amistad, tu confianza,

171

y se te devolverá multiplicado por mil.
A través de mí, servidor del sexto rayo,
í experimentas la gracia de la luz divina.
¡Permíteme que te irradie!

Trasfondo

El ángel de la gracia, Dona Gracia, también conocido en algunas escuelas como Aurora, sirve al lado del arcángel Uriel, al sexto rayo rojo rubí y dorado. En el último milenio se sustraía a las miradas de las personas, pero actuaba en aquellas que usaban la misericordia en lugar de la dureza. Era una fuerza celestial oculta, que se presenta de nuevo en toda su belleza, magnitud y grandeza. Ayuda a los hombres en su desarrollo a abrirse camino hacia la luz interna.

Dona Gracia te muestra cómo puedes transformar el dolor y la escasez en riqueza y belleza. Como una perla del océano, que parte de un grano de arena en el interior del molusco, que capa a capa transforma la dolorosa resistencia en belleza pura y original. El mensaje de Dona Gracia es que podemos alcanzar la luz pasando por la transformación del dolor. De este modo generamos belleza y perfección y despertamos de nuevo en Dios. En Dona Gracia hallamos la indicación de que hemos olvidado el acuerdo al que llegamos con la fuerza divina que reside en nuestro interior y que consistía en «proteger a todos los seres vivos, muy especialmente a aquellos que se colocan por bajo nuestro desarrollo, y contribuir a ello a través de nuestra verdadera grandeza. Nos conduce de nuevo a nuestras verdaderas posibilidades. De este modo experimentamos la fuerza poderosa de la gracia divina.

Significado de la carta

Una vez te alcanza la melodía de Dona Gracia, despertarán en tu corazón las verdaderas fuerzas que allí habitan. Intenta satisfacer en el exterior tus necesidades de amor, suerte, felicidad y recogimiento. Mientras que las hagas depender de otros, estarás expuesto a los antojos y defectos de los demás, que de nuevo esperan de ti y de otros que se vean satisfechas sus necesidades. De esta manera te encuentras en un círculo vicioso de carencias y robo de energía, pues nadie tendrá suficiente para cubrir tus necesidades. Cualquier persona aspira a ser feliz en su vida. Dona Gracia te invita a ver a través del ángulo visual de tu verdadera grandeza. En ti duermen todas las fuerzas que buscas y que esperas obtener inútilmente en el exterior. Si quieres, puedes querer a cualquier persona en cada momento, aceptarla y ofrecerle tu amistad, sin condiciones y de forma espontánea. Tú puedes ceder en lugar de agarrar, dar en lugar de tomar y dirigirte cada segundo de tu vida a la fuerza divina. ¡La elección es tuya! Comienza a examinar tus sublimes fuerzas latentes. Si anhelas el recogimiento, primero ofrécetelo a ti mismo antes de esperarlo de los demás. Si quieres alegría en la vida, alégrate. Las fuerzas de tu interior te proporcionan libertad. ¡Dedícate a ello! Libérate del viejo mundo de la dependencia y de la escasez, dirígete a tu nuevo mundo. Independientemente de lo difícil que a veces pueda parecer liberarse de los viejos conceptos o estereotipos, vale la pena seguir el camino. Dona Gracia te acompaña con todo su amor en este proceso de transformación.

¿Qué es la gracia, la gracia de Dios, ser misericordioso? La gracia puede describirse como un regalo inmerecido. Es una sensación y no un estado intelectual. A través de nuestro pequeño ángulo visual actúa como una sorpresa repentina. Estamos esperando algo y aparece algo totalmente distinto, mejor, algo lleno de amor. Desde la óptica de nuestra verdadera grandeza, es la señal de que estamos en el camino hacia la luz divina. Así, por ejemplo, hemos aprendido a ser más caritativos y moderados con nosotros mismos y con los demás. Entonces esto se interpreta como una sensación del profundo amor por la vida y la gratitud.

Dona Gracia te dice: LA BELLEZA, EL AMOR Y LA PAZ, QUE TÚ SIENTES QUE ENVUELVE A OTRAS PERSONAS, LA LLEVAS EN TU SER.

Ritual
La fuerza de la Gracia

Búscate un sitio y tómate tu tiempo, créate un ambiente agradable y pon tu música favorita. Empieza a relajarte. Respira profundamente y recorre mentalmente tu cuerpo. Relaja la cabeza, los hombros, espalda, piernas, pies y brazos.

Ríe. Alégrate a través de tu sonrisa, por tener tiempo para mirar en tu interior. Deja que te sientas feliz y libre. Ahora es el momento para ocuparte del sentido de la gracia. Rememora el momento en el que experimentaste la gracia, el sentido del agradecimiento profundo, el momento en el que una situación discurrió de forma distinta y mejor sin tu intervención. Deja que el sentimiento se fortalezca en ti. ¡Ahora está en ti! Imagínate la gracia y la alegría en tu existencia. Cómo te ríes, cómo ríen otros contigo, cómo se alegran de la comprensión y del amor que parte de ti. Disfruta de esta sensación todo el tiempo que quieras. Que sepas, independientemente del camino que dejas detrás de ti, que Dios es misericordioso contigo.

Regresa. Intenta sonreír y ser amable de ahora en adelante, intenta que fluya la alegría de tu interior. Deja que imperen la ternura y la fuerza del corazón en lugar de la crudeza y del miedo. Intenta dar a los demás aquello que tú buscas desesperadamente. Lleva un diario en el que consignes los cambios.

Oración

¡Fuerza sagrada!
¡Guíame! ¡Dirígeme con tu ternura y bondad!
Deja que impere la gracia y que reconozca las ofrendas de lo divino.
Muéstrame la belleza de dar, la alegría por la felicidad del prójimo,
la verdadera amistad con la vida.
Enséñame a utilizar las fuerzas del amor en la existencia diaria.
¡Qué así sea!

Arcángel Zadquiel
Transformación

Yo soy el eterno ojo del rayo violeta.
Nada queda oculto ante mí,
nada puede difuminar mi visión,
nada puede enturbiar mi mirada.
Nada la puede engañar.
Yo soy el arcángel del séptimo rayo,
que te eleva sobre la oscilación del rayo violeta.
Que te muestra la visión divina.
Que transforma de tal manera tu ángulo de visión,
que puedas reconocer la verdad.
La esencia existe.
Reconócela.
Perdona lo antiguo y sigue lo eterno
hacia lo nuevo.

Trasfondo

El nombre de Zadquiel (también se escribe Tsadkiel) procede del hebreo y significa «procurar la justicia», «maestro justo en el sentido divino». Zadquiel es el guardián del ordenamiento divino. A él se le otorga el poder de guiar a «los que buscan la verdad», según sus facultades espirituales y su coincidencia con las reglas del tiempo, para llevarlos a la posesión del saber eterno, que les permitirá transformarse totalmente en luz. También se le denomina «el más viejo de la fe». Se encontraba junto a David cuando venció a Goliat, ayudó a llevar el Arca de la Alianza hasta Jerusalén y a hacer posible lo «imposible».

Zadquiel es el guardián del gran culto de consagración de muchas órdenes místicas. Conoce las leyes y las reglas divinas, válidas eternamente, que, para desarrollar su eficacia en el rito, tienen que celebrarse en una forma propia, con un ritmo especial y en un orden determinado. Es el arcángel de la ceremonia que procura la justicia en sentido divino.

En los tiempos actuales, su principal tarea consiste en transmitir al mundo la verdad divina y en el desarrollo del alma humana. Enseña la «ciencia de la alquimia», la transformación a través del rayo violeta, las leyes divinas de eterna validez. Es el guardián del fuego de la transformación, del amor a la libertad y del perdón. Cuando es invocado, contribuye a la purificación y transformación de todo ser vivo. Desde hace 60 años aproximadamente se vuelven a hacer públicos de nuevo conocimientos antiguos, ocultos en su día y eternamente válidos y son irradiados a este mundo. Entre tanto, muchas personas han extrapolado importante información a partir de ellos y trabajan con dicha información. La iniciada era de Acuario está bajo el gobierno del séptimo rayo violeta de la transformación, del perdón y de la libertad. Por consiguiente, el trabajo con la llama violeta es uno de los principales ejercicios de esta era.

Significado de la carta

Si te toca el ojo omnisciente de Zadquiel, esto quiere decir que estás invitado a ver tu vida desde un punto de vista más elevado. Si le pides que actúe en tu vida, te guiará hacia nuevas formas de ver tu existencia, que, una vez apliques en tu vida cotidiana, te conducirán a posibilidades más amplias. Si comienzas a vivir tu vida de forma conscientemente espiritual, te «pueden crecer alas» en el verdadero sentido de la palabra. Son muchas las personas que han comenzado a interesarse por esta nueva perspectiva en su vida e informan que su vida se ha vuelto más rica, libre, que tiene más sentido, que resulta más luminosa y fácil.

Una vida realmente espiritual significa libertad, felicidad e independencia, así como fidelidad absoluta a la propia fuerza luminosa del corazón y a la intuición. Tú no necesitas estar unido a nada ni a nadie, a menos que sea tu deseo y tu voluntad y que por ello te sientas enriquecido. Tú puedes poner en práctica en tu vida los mensajes que son importantes y que tienen significado para ti, que te sirven a ti y al desarrollo actual de tu persona. La verdadera fuerza de tu ser es incorruptible.

El mensaje de Zadquiel dice así: COMIENZA A DESARROLLAR EL SENTIDO QUE DIOS TE HA OTORGADO Y TE GUIARÁ EN EL CAMINO DE LA LUZ. SÉ LIBRE, SÉ BRILLANTE. Él te será útil en el camino de desarrollar tu primitiva fuerza espiritual. Te enseña también a liberarte del pasado con la fuerza de la indulgencia y, de este modo, disponer de toda tu energía aquí y ahora.

Ritual
Transformación a través del fuego violeta

Créate un ambiente de retiro tranquilo y confortable. También puedes buscar un lugar en la naturaleza. Inspira y espira profundamente un par de veces. Imagínate una envoltura alrededor que te proteja de influencias alteradoras, de forma que te encuentres seguro y a salvo.

Imagínate todas las relaciones que tienes o has tenido con las personas. Están unidas a ti mediante hilos de energía en tu plexo solar*. Clama con la fuerza de tu corazón la llama violeta de la transformación. Este fuego violeta arde suavemente a tu alrededor y a través de ti. Purifica y quema todo aquello que no corresponde a la luz divina. Siente cómo este rayo de fuego te libera de todo lo negativo. También

---

* Plexo solar, extremo inferior del esternón.

te puedes imaginar que se derrama de tus manos. Viaja con tus manos a lo largo de tu cuerpo y arranca la sustancia negativa de tu campo de energía. Continúa hasta que tengas la sensación de que la sustancia oscura ha desaparecido de tu manto de energía y vuelva de nuevo a brillar con colores puros. Si quieres, puedes imaginarte al final de tu ejercicio, cómo el fuego violeta arde alrededor de la Tierra y transforma todo lo negativo.

En la vida cotidiana o incluso por las noches, antes de acostarte, la idea de una columna de luz violeta es una buena protección ante las fuerzas oscuras. Todo aquello que no pertenece a la luz y que viene a ti del exterior se consume inmediatamente en tu campo energético y no te puede dañar. También te puedes buscar tu propia imagen interna del fuego violeta que más te ayude. Sé libre y observa con qué ejercicio te sientes mejor.

Invocación

El fuego violeta de la transformación y de la libertad
arde, arde y arde
a través y alrededor de cada electrón de mis cuatro cuerpos elementales,
arde en el cuerpo material, mental, intelectual y espiritual.
Transforma cada vibración disonante en luz,
hasta que responda al deseo divino.
¡Yo perdono! ¡Yo perdono! ¡Yo perdono!
Con todo mi ser
a todo el mundo, lugar, circunstancia, que en alguna ocasión me causó daño.
Yo perdono … (ocasionalmente introducir nombres),
él/ella es libre y yo soy libre.
Somos eternamente libres.

Ángel de la transformación
(Lady Amethyst)
Desarrollo de la intuición

Con mi rayo de la transformación penetro profundamente en ti.
Te reconozco.
Cuando tú ya estés preparado, te guiaré
con la fuerza de tu intuición
a través de puertas ocultas,
de montañas infranqueables.
En la senda de tu propio conocimiento,
de la verdad que continuamente se desarrolla y se amplía,
que se despliega en tu interior como una flor de loto.
Hoja a hoja,
hasta que la luz de tu centro
irradie en el resplandor del sol.
Solo entonces estarás preparado
para la gran consagración

Trasfondo

El ángel de la transformación, Lady Amethyst, es la fuerza femenina del séptimo rayo violeta, que todo lo atraviesa. Él también había desaparecido durante mucho tiempo, y ahora ha vuelto a resucitar. En tiempos primigenios era la primitiva fuerza femenina, cuyos conocimientos tomaban como referencia él/la guía espiritual. Él dirigió a los sacerdotes y chamanes y transmitió los mensajes del saber divino y su utilización en sentido puro.

Es la fuerza que siembra la semilla de la nostalgia en el alma de los que buscan la verdad, de los místicos, de los utópicos, etc., de forma que estos, movidos por el deseo del desarrollo de esta semilla, son arrastrados a través de las puertas de las infinitas verdades actuales, con todas las tareas latentes, hacia la verdad eternamente válida.

En este camino se producen otra vez nuevas transformaciones, que transmutan y alteran las viejas convicciones, formas de conducta y fundamentos vitales.

La energía del ángel de la transformación activa puede ser reconocida a través de la vida de personas que han seguido «el camino de la verdad». ¿Qué sentido guiaba a todas estas personas? ¿Qué era el denominado «rayo guía», que les ha llevado a realizar tareas, les ha conducido a lugares y hacia maestros? ¿De dónde obtuvieron sus informaciones? Encontramos la respuesta en la energía del ángel de la transformación. El te prepara.

Significado de la carta

Si ves a Lady Amethyst en tu vida, pídela que te mencione el misterio de su fuerza. Te ayudará en tu situación actual. El mayor don que te concede es la voz de tu propia intuición. Esta voz vive en cada persona, que puede estar tan habituada a ella que pase desapercibida. Se manifiesta a través de signos internos y externos. Ocúpate de este don divino de la amatista.

Su misión junto a ti consiste en ver las cosas como signos y oportunidades de crecimiento y no como pesados obstáculos que alteran tu rutina cotidiana. Son las «voces que despiertan» tu alma. Te invita a comprender su mensaje. Si sigues estos mensajes, te conducirán a conocimientos cada vez más profundos de tu propio destino y a un compromiso más profundo de tu existencia. Si no lo sigues, se pueden revelar como experiencias crueles en tu vida.

Lady Amethyst también te estimula a vivir tu vida en el plano espiritual. Tú eres más que la simple suma de tus átomos. Te enseña a confiar en ti. A confiar igualmente en tus facultades, tus sentimientos y en tus pensamientos. Ella te enseña a reconocer que tú eres una parte de un gran plan. A través de ella experimentas tu propio poder, perseverancia y fuerza. Tu tarea también consiste en vivir con responsabilidad estos dones.

Su mensaje es el siguiente: Síguete a ti mismo y camina por la senda que has elegido. Todo lo que te encuentras es una oportunidad para crecer y evolucionar.

Ritual
Descubrimiento de la voz interior

La voz interior frecuentemente queda solapada por otras alimentadas por convicciones paternas, advertencias, miedos propios y patrones instintivos. Por eso, a menudo es difícil reconocer qué «voz» es la de la propia intuición. Pero cuando empiezas a reconocer los signos de la intuición, a entregarte a ella y a seguirla, la percibirás más rápidamente. Te guiará a través de todas las dificultades y de situaciones aparentemente irresolubles.

Para ponerte en comunicación con esta fuerza y desplegarla en ti, busca una habitación y un momento en el que no te molesten. Enciéndete una luz y coloca un plato con agua delante de ti. Concéntrate en tú respiración y expulsa todas las tensiones al espirar. Al inspirar recibe reposo, paz y vacío. El recipiente con agua es solo un símbolo del vacío, del espejo inalterable de lo divino. El agua también es signo de pureza y de la intuición. Si te sientes tan puro y claro como el agua, concéntrate entonces en tu actual deseo. Comienza entonces a repetir tres veces con todas tus energías la siguiente frase: «Que la sabiduría divina me guíe a mi interior para la mejor solución en beneficio de todos los implicados».

Hay muchas posibilidades de reconocer la voz de la intuición. Si estás en camino y a la vez no sabes en qué dirección tienes que seguir, contempla lo que hay ante tu ojo interno, por ejemplo, aquello que brilla más claro, que te crea una sensación agradable, hacia dónde te atrae, etc. La propia intuición va siempre asociada a sensaciones de amor, bienestar, esplendor interior, colores claros y energía creciente, es agradable, alivia y calienta, etc. Aquello que causa una sensación de debilidad no procede de tu intuición.

Comienza a ejercitar en la vida cotidiana la fuerza luminosa del ángel amatista. Presta atención a los signos a tu alrededor. Si, por ejemplo, una persona lleva la misma ropa que tú, intenta hablar con ella, descubre aquello que os une. Alguien se parece a un conocido, también esta sería una indicación. Piensas en un lugar concreto. Sigue este pensamiento. Ahora piensas directamente en una determinada persona, ¡ponte en contacto con ella! Sigue con valentía las huellas de tu intuición. Las enfermedades también son signos de temas ocultos en ti que han de ser «curados». El ángel amatista te estimula a seguir el camino de tu alma bajo tu propia responsabilidad, bajo tu propia dirección, te lleve a donde te lleve y te exija lo que te exija.

Oración

Padre/Madre Dios/Amada Luz/…
(elige el tratamiento que prefieras para la fuente divina).
¡Guíame! ¡Dirígeme! ¡Ilumíname el camino!
Deja que reconozca eternamente la luz de lo divino, que la siga, que confíe en ella, que te crea, que te lo agradezca.
La luminosa fuerza divina es mi guía, me da todo aquello que necesito en el momento actual. Recibo este obsequio agradecido. En mí están la fuerza, la gloria y la luz, que me guían AHORA. Día a día luce en mí con mayor claridad, hasta que llega a ser inalcanzable. Agradezco este obsequio desde lo más profundo de mi corazón.

O bien:

¡Sagrada luz divina!
Ruego, busco, encuentro.
¡La luz es fuerte en mí y doy las gracias por ello!
(Repetir tres veces las líneas anteriores.)
Te pido un signo desde lo más profundo de mi corazón.
¡Revélamelo. Yo te lo agradezco!

Mantras

Puedes cantar el siguiente mantra en diversos tonos, desde muy bajito a muy alto.

«Soy un ser de fuego violeta,
soy la claridad de la luz divina.»

«Soy un ser de fuego violeta,
soy la pureza del plan divino.»

«Soy un ser de fuego violeta,
soy la verdad que Dios desea.»

«¡Fuego, llama, ilumíname, guíame!»

Elohim Hércules y Amazonia
Poder

En el templo del poder y de la protección
discurre el manantial de la energía del rayo azul
a través de la inmensidad del universo
en el mundo de la creación.
Somos la pura voluntad divina en acción.
Fuerte, vigorosa, protectora,
liberadora de viejas estructuras y patrones.
De forma constante y estable
enviamos novedades, ampliaciones,
liberaciones y el ánimo
de seguir en el mundo las corrientes
a través de la expresión completa de la personalidad.
Actuamos a través de las rejas
de la extensión ilimitada.

Trasfondo

Elohim Hércules y Amazonia son llamas celestiales gemelas. Son la expresión de la suprema fuerza angelical del rayo azul zafiro y actúan en un plano no personal. Eliminan viejos modelos y estructuras, estabilizan novedades, modificando de este modo los acontecimientos actuales. Son la expresión de la voluntad divina en su forma consumada. Mediante el mantenimiento de la luz azul modifican el cianotipo (matriz), en donde se registran todos los hechos y modelos de la historia de la Tierra y de la humanidad. El rayo actúa desde este manantial sobre el arcángel Miguel y el ángel de la fe y puede servir en la vida cotidiana de los hombres a través de los ejércitos celestiales activos del arcángel Miguel.

Elohim Hércules y Amazonia pertenecen al templo divino de la protección y del poder, que se encuentra en el mundo paralelo del reino etérico de la región de Zúrich, en Suiza. Los dos trabajan como un poder celestial, en el que Hércules aporta el poder y la fuerza de la llama y Amazonia se dedica más a la protección, profundidad y persistencia de la radiación.

Juntos liberan a las personas de las trampas terrenales y los elevan permanentemente hasta su casa celestial. Simultáneamente ayudan a liberar al hombre de las esposas que lo mantenían atado a épocas pasadas. Pero despacio, al compás de lo infinito, de manera que el hombre pueda seguir la evolución y lo nuevo se pueda estabilizar con fuerza. Por este camino consiguen liberar al hombre lentamente de presiones externas, para que pueda desarrollar su verdadera grandeza divina interior y pueda manifestarla.

Envían la luz azul homogénea y tranquila, contra las sombras satánicas. Saben que la maldad dura un tiempo, pero que luego tiene que desaparecer ante la presencia de la luz.

Significado de la carta

Elohim Hércules y Amazonia te invitan a eliminar los modelos relacionados con el sentir, el pensamiento y la forma de actuar, que impiden el flujo de la voluntad divina, que es considerablemente más enérgica y suprema que la de los humanos. En este caso se trata de un nuevo pensamiento, de unas nuevas ideas.

¿Por ejemplo, qué asocias tú a la expresión «La voluntad divina se cumpla a través de mí»? ¿ Es para ti una sensación agradable o desagradable que pueda actuar a través de ti algo que le resulta totalmente diferente a tu entendimiento cotidiano? Con preguntas de esta índole ya estás empezando a descubrir los viejos estereotipos que te están reprimiendo en tu interior. Qué significa, por ejemplo, cuando Jesús, ante su muerte inminente, oraba en el huerto de Getsemaní: «Padre mío, si es posible, que ese cáliz pase a través de mí; pero no como yo quiero, sino como tú quieras» (Mt. 26, 39).

Todos nosotros, en algún momento, nos tendremos que enfrentar al gran dilema de, o bien sucumbir a nuestro pequeño entendimiento, a nuestros miedos y a nuestros viejos conceptos, o bien seguir la voluntad del manantial divino. Esto no quiere decir que estemos obligados a soportar todo el dolor del mundo. Toda persona está llamada a hacer de su vida lo mejor, a amar y a ser feliz. Pero existen unos procesos de preparación, las denominadas «consagraciones», a las que el hombre se somete en un tiempo determinado, cuando quiere crecer.

En este punto se plantea la siguiente cuestión, me aferro a lo viejo conocido y en aquello que siempre he confiado, o me arriesgo a dar el paso hacia lo desconocido. En lo más íntimo de su ser, el hombre sabe cuándo tiene que dar el paso correcto y en la dirección correcta. Sin embargo, la cuestión es si da este paso incluso si no se ajusta a la norma establecida y a pesar de que no experimente ningún reconocimiento por parte del mundo exterior, en una palabra, si se atreve a dar el paso a pesar de que resulte incómodo. Aunque no lo parezca, estos pasos son pasos dirigidos hacia el amor supremo incondicional. Ejemplos de este tipo de pasos serían: separaciones, cambios de trabajo, viajes, cambios de domicilio, etc.

Hércules y Amazonia ayudan a dar estos pasos. Pues esto, finalmente, conduce a un objetivo más elevado. Descubrimientos, inventos, revoluciones, luchas de liberación, el movimiento de emancipación, incluso la resolución de modelos de pensamiento anquilosados, sirven en última instancia a un objetivo más elevado, la evolución en forma de un desarrollo espiritual. Cuantas más personas sigan el camino del tiempo, más se agitarán los pilares de las viejas estructuras y más se liberará el hombre de viejas concepciones. La evolución está dirigida cada vez más hacia concepciones de un mundo global, común a todos, de fraternidad y hermandad de las diferentes religiones como corrientes orientadas hacia el primitivo origen. El mundo se unifica. Para ello cada uno puede hacer su contribución.

El mensaje de Hércules y Amazonia dice así: SOLO A LOS MEJORES ALUMNOS SE LES ENCOMIENDAN LAS TAREAS MÁS DIFÍCILES.

Ritual
Cargar con energía

Quédate tranquilo. Concéntrate en el campo de fuerza de Elohim Hércules y de Amazonia. Cárgate de poder, tranquilidad y fuerza. Visualiza el símbolo del campo de fuerza de la espada azul en reposo en el centro. Siente cómo la fuerza afluye a ti y cada vez se fortalece más. Cuando te hayas cargado de esta fuerza, envíala allí dónde más se necesite en este momento. Ayuda a estabilizar, a tranquilizar y a fortalecer determinadas situaciones.

La puedes enviar a cualquier lugar del mundo, por ejemplo, a regiones que estén en crisis. O la puedes enviar a tu entorno más próximo. Envía la luz a aquellas imágenes que te intranquilicen en este momento. Imagínate exactamente el lugar al que has decidido enviar tu luz. Observa cómo se tranquiliza y estabiliza la situación. Si detectas algún indicio de «excitación» en este lugar y comienzas a dudar de tu actividad, tararea un tono profundo para poner freno a estos pensamientos. Orienta tu concentración hacia el poder, la intensidad y la calma del rayo azul e irradia constantemente este lugar y a sus habitantes. Si tienes la sensación de que ha finalizado el ritual para ti, relájate. Vuelve a recuperar tu actividad cotidiana. Tú sirves de apoyo por medio de esta fuerza.

Elohim Casiopea y Minerva
Esclarecimiento

En el reino de la sabiduría divina
fluye el manantial inagotable
de la llama amarillo dorada
en la infinita amplitud de la forma.
Somos la forma de la pura conciencia.
Atravesamos cada célula
del universo pulsátil.
Avivamos la forma mediante la fuerza primitiva de la creación.
Ennoblecemos la materia
mediante la luz eterna
procedente del manantial
intemporal de la verdad.
Somos la impronta
del ser perfecto.
Nuestra luz atraviesa la sustancia.

 189

Trasfondo

Elohim Casiopea y Minerva, también llamados Elohim Apolo y Lúmina, son los guardianes del manantial del rayo amarillo dorado de la sabiduría de Dios. El emite la luz pura de la percepción, iluminación y verdad, que es el manantial del amor divino y del saber puro. El rayo amarillo dorado de los guardianes del manantial es guiado en el reino de la materia por el arcángel Jofiel y el ángel de la Constancia o Constanza, para conservar la información divina de la creación y para servir a todos aquellos que se dirigen por el camino hacia el manantial divino.

El rayo amarillo dorado se refleja en los rayos solares y en el brillo del oro, que contiene la información más elevada. El proceso alquímico de la transformación del plomo en oro expresa las etapas que puede recorrer el espíritu humano mediante el ejercicio y la autodisciplina, para despertar en la forma purificada. Es la forma de la conciencia pura que libera a las personas de la «cruz de la materia» en la forma ilimitada de su ser y de toda la vida. Tienen origen en esta fuente los saberes seculares de los místicos. Ella envía desde la eternidad la tranquilidad que se percibe.

Significado de la carta

Cuando te alcanza el campo energético de Elohim Casiopea y Minerva, estas invitado a transmitirlo a toda la creación. Si no diriges tu atención hacia tu interior, te encontrarás desconcertado ante las presiones que ha dejado el espíritu infinito e invisible en el mundo de la materia. ¿Para qué nos sirve un símbolo si no lo hemos entendido desde nuestro interior?

Con esta energía recibes la llave de la puerta del mundo espiritual. Es el mundo que está detrás de las imágenes visibles. A veces basta con haber visto un símbolo, y solo más tarde aprendemos a comprender su significado. Pero tú puedes concentrarte en tus asuntos. Puedes conferirles aquí y ahora tu energía para activarlos. Puedes aprender a estar en el presente con más fuerza, con tus pensamientos, con tus sensaciones, con tus sentidos y con tu corazón. De esta manera te será posible perfeccionar el momento y asimilar una sabiduría profunda. Estate allí. Ocúpate de la persona que en ese momento está junto a ti. Ocúpate del lugar en el que te encuentras exactamente. Únete a la luz del cosmos y al oro de la Tierra. Transmite y vive la verdad del corazón, procedente del manantial divino.

El mensaje de los dioses creadores Casiopea y Minerva dice así: EL ÚNICO AVANCE PERMANENTE PARA LAS PERSONAS CONSISTE EN ASPIRAR A LA PERFECCIÓN ESPIRITUAL.

Ritual
❁ *Unión y emisión de la fuerza dorada de la tierra* ❁

Créate un espacio y busca un momento en el que te encuentres tranquilo. Concéntrate en el manantial de energía del rayo amarillo dorado. Deja que el rayo del cosmos fluya hacia ti. Las venas de oro atraviesan la Tierra. Imagínate cómo fluye hacia ti el oro del cosmos a través de las suelas de tus zapatos. Tú eres la unión entre el cosmos y la Tierra. Imagínate que eres un sol cargado con el oro de la Tierra y la luz amarilla del cosmos. Tus rayos se extienden e iluminan las sombras. Siente cómo la paz y la tranquilidad se extienden por todo tu ser. Cuando te hayas recargado con este manantial de energía, envíalo allí donde esta paz sea requerida. Envía esta luz hasta que tengas la sensación de que ha llegado finalmente.

También puedes enviar al mundo esta luz a través de un grupo. Ruega al manantial divino que te una a todas las personas de la Tierra, también a aquellas que aún no has conocido, para así fortalecer y llevar a cabo la red de la paz y la fuerza del corazón en nuestro planeta. Envía la luz a todas las personas para que comiencen a desarrollar esta luz en su interior.

Elohim Orión y Angélica
Energía libre

En el templo del amor incondicional
e inagotable
actúa el poderoso manantial
del rayo magnético rosa.
Es la inteligencia viva de la fuerza divina.
Entrelaza tiempo y espacio.
La poderosa corriente de energía
suena en armonía
con los latidos de la Tierra.
Aquel que ajuste a estos latidos
el ritmo de su corazón,
será llevado a través del infinito.
Él ha llegado.
Las fuerzas de los vivos
son su guía.

Trasfondo

Elohim Angélica y Orión, en otras escuelas de consagración llamados también Elohim Heros y Amora, son los poderes angelicales más altos de la llama magnética rosa. Envían la materia de la que se compone la creación: la fuerza de la atracción y de la concordia. El amor es la inteligencia activa de lo divino. Se expresa en total armonía. Es el magnetismo que permite que giren todos los universos flotantes a un ritmo eterno.

El manantial de la energía de Orión y Angélica se considera una ayuda para los movimientos espaciales y temporales, para viajes espirituales y corporales. Ayudan a estar en el aquí y en el ahora y a realizar las tareas o los cometidos que se precisen realizar en el momento, independientemente de dónde se encuentre la persona implicada. El rayo del amor no conoce tiempo ni espacio. El amor siempre tiene tiempo. También le deja al alma todo el espacio que necesite para desarrollarse y crecer.

Orión y Angélica sirven al «corazón de la Tierra» a través del envío directo del rayo rosa. Quien esté en armonía con su corazón y consigo mismo puede seguir la dirección de este sendero. Para él se instaura el flujo de energía. Él es conducido al lugar correcto, bajo las circunstancias acertadas y en el tiempo correcto. Para él cualquier acontecimiento resulta perfecto. También debe encontrar, a partir de él mismo, el sitio que estaba pensado para él en el gran plan. La vida ya no es ninguna búsqueda de visiones. Se ha transformado en una visión en la que cada momento es el correcto tal y como es. El manantial de energía de la radiación rosa es energía libre.

Significado de la carta

Si te toca el manantial de energía de Orión y Angélica, te recuerdan que vives aquí y ahora. Te dicen que el ayer ha pasado y que el mañana todavía está lejos. Lo que cuenta es solo el momento actual. Aquí se colocan los blandos. Su deseo es que te enfrentes a la vida, como si todo te ocurriera por primera vez.

No pienses en las estructuras del espacio y del tiempo. Están constituidas en la materia. Tu espíritu es inmortal y no está unido al espacio ni al tiempo. Tú puedes precisamente ser y hacer ahora lo que te dicte lo más profundo de tu interior, independientemente de dónde te encuentres, de lo tarde que sea, de lo que prescriba la norma y de los modelos que has decidido seguir. Así, por ejemplo, puedes encender una vela para alguien que esté en tus pensamientos, independientemente de que sea al mediodía, a medianoche, por la mañana o por la noche.

El entendimiento lógico no puede abarcar algunas cosas en su magnitud y alcance. Pero el amor en tu corazón, hacia ti, hacia tus prójimos y hacia la creación puede acompañarte en lo infinito. Orión y Angélica te ayudan a acoplarte a tu alma, a interesarte por lo infinito y por la libertad de tu alma y, por consiguiente, por tu proceder. Olvida quién eres. Sé grande, y lo grande te guiará.

Orión y Angélica te ayudan a llegar a tu corazón, independientemente de en qué lugar te encuentras fuera y de con quien estés. Te conducen de nuevo hacia el centro de tu corazón. Desde allí tienes en todo momento capacidad de actuación. Puedes decidir en cualquier momento estar enamorado. En cada momento puedes dejar fluir este manantial a través de ti. Tú puedes enviarlo al mundo y a través del mundo. Este es el mensaje de los grandes maestros del mundo. En este caso no tiene importancia dónde te encuentras en ese momento y a qué actividad te estés dedicando. Te bendecirán.

La verdad secular que te envían Orión y Angélica es: DIOS ES EL AMOR Y AQUEL QUE ESTÁ EN EL AMOR, ESTÁ EN DIOS.

Ritual
❂ *Liberación de las almas descarriadas* ❂

Enciende una vela rosa. Llama a Orión y a Angélica. Concéntrate en el manantial de la energía del amor universal e incondicional. Carga tu campo energético con esta poderosa corriente energética. Siente cómo te atraviesa este rayo rosa. Aquí puedes hacer algo por los seres no liberados que se encuentran en los mundos intermedios.

Concéntrate en tu campo de energía y en el entorno en el que te encuentras. Si percibes cualquier tipo de influencia indeseable, di lo siguiente: «A todo ser indeseable en mi campo energético y en este entorno le envío luz y amor. Mira cómo se extiende la radiación rosa. Todo ser ha sido creado con amor y luz. Vosotros, seres, continuáis siendo luz y amor. Cada uno de vosotros tiene un hogar perfecto. Ahora los ángeles os llevan allí. Que cada uno de vosotros vaya en paz». (Si quieres enviar luz a un ser determinado, cuyo nombre conozcas, puedes también utilizar este pasaje de forma transformada incluyendo este nombre.) Observa cómo la radiación conduce a estos seres a su hogar. Sabed que ya está hecho. Envía luz y amor con frecuencia a todas las formas de la creación.

Elohim Claridad y Astrea
Ascensión, resurrección

El manantial de energía de la radiación blanca
renueva y amplía viejos modelos en
la forma perfecta de la creación.
Es la fuerza de la transformación
de vuelta al manantial del que todo emana
y al que todo fluye.
Es la luz de la transformación global.
Es la fuerza que aumenta cada oscilación,
que atraviesa la materia.
Es el milagro
del brillo divino.

Trasfondo

Elohim Claridad y Astrea son dioses creadores que envían al mundo la luz de la ascensión. Todo lo que es, irradia de este manantial de energía. Envían la luz de la pureza y la luz de la fuerza de la Inmaculada Concepción. En esta luz la imagen del creador primitivo es concebida pura e inalterable y se hace realidad. No subsiste ninguna sombra.

El manantial de la energía del cuarto rayo es la pura luz de la ascensión. Aumenta el nivel de cualquier energía y trae claridad. Es el manantial de la renovación, de la inspiración, que emana formas y energías perfectas. Esta luz abre las puertas de otros reinos. Es la luz de la armonía perfecta del manantial divino. En todos los lugares en los que actúa se origina armonía. Su trabajo consiste en el perfeccionamiento de la materia, que permite que vuelva a florecer la ética verdadera de la humanidad. Las personas inspiradas por la luz divina crean oasis de belleza viva en estos planetas. El objetivo del manantial de fuerza es llevar conocimiento a la materia, en un proceso de transformación rítmico, luz a la oscuridad, consciencia a la inconsciencia.

Significado de la carta

El manantial de energía de la cuarta radiación está al servicio de la transmisión de la luz. Es la llamada de la transformación para perfeccionar el ser. Es la luz que conduce a las profundidades. A veces es importante descender, para ascender a continuación.

Si te encuentras preparado, envía entonces la luz a la oscuridad y observa las sombras que has reprimido. Acéptala. Une tu mente con la materia y tu corazón con tu alma. Infúndete armonía y concordia. Empieza a crear en ti lugares de fuerza.

El mensaje de Claridad y Astrea dice así: EL PRIMER CRISTAL TALLADO ES EL HOMBRE, PUES ÉL AUMENTA O DEBILITA LA ENERGÍA DE SU ENTORNO.

Ritual
❁ *El envío del rayo blanco cristalino* ❁

Busca un momento de tranquilidad. Contempla el manantial de energía de la radiación blanca cristalina. Imagínate la luz blanca. Mira cómo fluye primero por tu cuerpo sin interrupción. A continuación fluye a través de tu campo energético. Después penetra en tu entorno. Abarca a las personas, a los animales y a las plantas próximas a ti. Se vislumbra la tierra sobre la que caminas, incluso cuando se encuentra cubierta por cemento. Mira cómo se extiende esta luz en forma de ola irresistible, que arrasa toda la oscuridad y limpia todo de manchas. Deja que este rayo fluya a través de ti. Envíalo a los lugares que amas y que precisan este rayo. Envíalo a las personas que necesitan este rayo. Purifica el hábito de la materia. Mira cómo los colores vuelven a ser claros y luminosos. Mira como los tonos comienzan a sonar de forma clara y armónica.

Siempre que tengas la sensación de estar en un entorno sucio desde el punto de vista energético, envía allí el rayo claro de la pureza. Como un cristal, este rayo lleva la información de la clara pureza y aumenta la frecuencia del entorno, por lo que puede evitar contaminaciones.

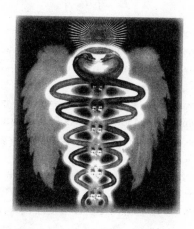

Elohim Vista y Cristal
Consagración

Despierta
del sueño
del olvido.
Despierta en el esplendor
de los patrones oscilantes de las ondas
de la creación.
Déjate llevar en las nubes
de la felicidad suprema.
La forma de la perfección
emana del mundo
de lo invisible.
Recibe la bendición
de la vida.

Trasfondo

Elohim Vista —también llamado Cyclopea— y Cristal son los poderosos ángeles creadores del quinto rayo verde esmeralda de la consagración, bendición y concentración. Elohim Vista cumple la misión del ojo divino que todo lo ve. Por consiguiente, es el guardián y profeta de la rueda del Karma*. De este manantial emanan los tonos y sonidos de la armonía perfecta en la infinita amplitud de la creación. A través del sonido y del tono, a través de la música perfecta, se acelera la curación de la creación. La música es un lenguaje cósmico que no precisa ninguna palabra.

El manantial de energía de la radiación verde sirve al desarrollo completo de la energía de la que dispone el hombre. A través de ella puede despertar en Dios. Conduce al desarrollo del YO SOY. Hemos sido creados a imagen y semejanza de Dios. Dios es la luz. Dios es la perfección. Dios es amor. Dios es plenitud. Dios es energía infinita... Podemos restablecer la perfección en nuestra vida. Sin embargo, en el reino invisible somos eternamente una forma perfecta de la creación. Con la radiación verde podemos adaptarnos a esta forma de creación.

Significado de la carta

El manantial de energía de las llamas gemelas Vista y Cristal llega a ti. Te invita a disolver el modelo de imperfección. La creación es perfecta. Tú no estas solo. No eres la única persona que atraviesa determinados procesos. No eres la única persona que se enfrenta a determinados asuntos. La totalidad de la creación está relacionada. Tú eres un tono de la creación. Lleva este tono en armonía con los demás. Experimenta tu contribución al conjunto de la orquesta de la creación. Tú creas sonidos con tu existencia. Pueden ser de tal forma que otros tonos se asocien a los tuyos o que otros tonos rehúyan tus tonos. Los tonos curan o enferman. Con tu energía puedes representar un impulso curativo para la tierra.

---

* Rueda de la Fortuna.

El manantial de energía de las llamas gemelas Vista y Cristal transmite tonos y modelos de ondas perfectos. Estos tonos y modelos de ondas curan y bendicen la creación. El mensaje de Vista y Cristal es el siguiente: TODO OSCILA.

Ritual
Aumento de la energía

Contempla el manantial de energía de Elohim Vista y Cristal. La energía femenina y masculina se encuentran juntas en armonía.

Concéntrate en el tono básico rojo más profundo que hay en ti. Se localiza en el extremo del cóccix. Tararéalo. Únete a la tierra.

Concéntrate en el tono anaranjado que hay en ti. Se sitúa en el bajo vientre. Susurra el tono. Comunícate con la creación. Con la diversidad de la creación.

Concéntrate en el tono amarillo que hay en tu interior. Se sitúa en el plexo solar. Susurra el tono. Únete a la eterna sabiduría. Con la luz de la creación.

Concéntrate en el tono rosa/verde que hay en ti. Es el tono del corazón. Susurra este tono. Une tu pulso al pulso de la creación.

Concéntrate en el tono de color turquesa que hay en ti. Es el tono de la curación. Se encuentra en la glándula del timo. Tararéalo.

Concéntrate en el tono azul que hay en ti. Es el tono de la comunicación con el mundo. Está localizado en el cuello. Susurra este tono.

Concéntrate en el tono violeta que hay en tu interior. Es la puerta del reino invisible de Dios. Él te une con el plano espiritual de la existencia. Está localizado en el centro de la frente. Susurra este tono.

Concéntrate en el tono blanco universal. Deja que esta luz fluyan a través de todos los colores y observa como estos ganan en fuerza de radiación. La luz blanca penetra en tu interior desde arriba a través de la fontanela. Susurra este tono.

Concéntrate en el mundo y envía la luz blanca a lo largo de él, para que también en este caso los colores vuelvan a ganar en radiación e intensidad lumínica.

Recógete en tu corazón. Une tu pulso al pulso de la tierra. Con las pulsaciones de otras personas y pueblos. Con el pulso de los animales, con el pulso de las plantas. Con el pulso de los planetas y otros sistemas estelares.

Intégrate en la sinfonía de la creación. Escucha en tu interior. Hasta que la orquesta de la creación esté en armonía con tu pulsación.

Este ejercicio intensifica constantemente tu fuerza y te une al pulso de la fuerza creadora.

Elohim Tranquilidad y Pacífica
Paz

El fuego de la eternidad
toca los corazones
de los amantes,
reaviva la nostalgia
del alma.
Despierta
para seguir a lo supremo
Despierta a la pasión por lo divino,
llevado y conducido
a través de la eternidad,
siguiendo la llamada del uno.

Trasfondo

Elohim Tranquilidad (del latín el tranquilo, también: *peace*) y Pacífica (del latín pacífica, también Aloha) son ángeles perfectos de la creación. Crean el manantial del rayo rojo rubí, de la paz activa y del servicio. La poderosa fuerza de este rayo sirve para convertir en realidad al «santo Jesucristo propio», aquel destello divino encendido en el alma de los hombres. La fuerza de la paz y del servicio se nutre de esta fuente. De ella emanan los estados ideales que en la mayoría de las ocasiones permanecen en el reino de los sueños y deseos.

Grandes dosis de esta luz, sin que hayan sido refinadas e intensificadas de forma escalonada, pueden destruir, conducir a actuaciones y conversiones fanáticas y agredir a su entorno como la propagación de un fuego. La luz de este manantial guió los dos últimos siglos y sirvió para dirigirse a Dios. Como los humanos no perfeccionaron esta energía internamente, tuvieron lugar cruzadas, guerras religiosas, la inquisición, persecuciones por creencias diferentes, incluso todo tipo de fanatismos, llegando a hacerse en parte realidad el infierno en la Tierra. Todo esto sucedió en nombre del Dios creador. Pero esta luz también estimuló los maravillosos testimonios de la creación humana y de profundas experiencias religiosas.

En los tiempos actuales rige el despertar en nosotros la fuerza de esta luz. Es la fuerza ascendente de la serpiente, que conduce a los hombres de vuelta al paraíso.

Significado de la carta

Si te toca el manantial de la energía del rayo rojo rubí, se trata de una llamada para supervisar a qué servicio te has entregado. Incluso aunque creas que no estás al servicio de nadie, analiza qué es lo que te empuja, lo que te estimula. A través de este análisis reconocerás quién o qué actúa a través de ti y de dónde proceden tus pensamientos.

La fuerza de esta radiación nos lleva a través de periodos de transformación y renovación. Nos hace independientes y libres. Insta a que desarrollemos nuestra propia autoridad natural, pues de ella emana el poder verdadero. El hombre no está desvalido ni tiene que luchar: en el centro de nuestra individualidad se desarrolla el manantial de la fuerza cósmica que nos lleva. Este cambio a la autodeterminación puede venir acompañado de adversidades. Pero la oscuridad solo puede desaparecer si la luz irradia con pleno resplandor.

La radiación rojo rubí nos pone en contacto con la energía universal. Aprovecha esta poderosa fuerza en aras de la paz. Incluso cuando en ocasiones esta pueda significar retirada en lugar de lucha, ceder en lugar de persuadir, soportar en lugar de querer cambiar utilizando la fuerza, caminar en lugar de quedarse quieto.

Tranquilidad y Pacífica nos envían el siguiente mensaje: EL ODIO NO PUEDE VENCER AL ODIO. SOLO EL AMOR VENCE.

Ritual
❂ *Liberación de viejas ataduras* ❂

Cuando a determinadas personas te unen intensos sentimientos que no pueden explicarse, esto puede ser un signo de que se trata de una vieja unión que data de épocas anteriores. En lugar de vivir estos sentimientos en toda su intensidad, puedes liberar la energía asociada a ellos con la misma fuerza, de manera que no te vuelvas a ver envuelto en los antiguos enredos.

Para ello sigue este ritual:

Tómate tiempo y tranquilidad. Créate un ambiente protegido. Enciende una vela roja. Reza una pequeña oración en la que pidas que la fuerza del manantial rojo rubí te ilumine el camino, por ejemplo: «Elohim Tranquilidad y Pacífica, ponedme en contacto con la corriente de la luz rojo rubí y con la fuerza divina. Enciendo la vela para liberarme de antiguas ataduras y de antiguos pactos, que ya no me sirven. Acompaña y ampara este ritual. Gracias».

Imagínate un rayo azul plateado alrededor de ti, que te protege bajo su aureola. Hazte con una cuartilla y un lápiz. Escribe al principio el siguiente texto: «Quiero liberarme definitivamente de las viejas relaciones y pactos con… (nombre del /de la persona, del grupo). Estoy preparado».

Coloca una mano sobre el corazón. Concéntrate en la/las personas/grupo con el que quieres romper tus viejas relaciones y pactos. Puede tratarse de relaciones y pactos de esta vida o de vidas anteriores.

Así, por ejemplo, puede ser que tú en cualquier momento, en un tiempo pasado, hayas hecho voto de castidad y hayas prometido a una persona serle fiel hasta la muerte, que alguna vez hayas hecho voto de fraile mendicante o un juramento de fe, de sangre, de venganza, de grupo o de un clan, quizá contra una asociación de hombres y mujeres o hayas practicado magia negra para perjudicar a otra persona... Aquí hay innumerables posibilidades. Estos actos producen karma, destino que actúa más allá de la muerte. Estas actuaciones están contenidas en forma de información en el interior de tus células y bajo determinadas circunstancias pueden hacerte desistir de ser feliz, estar sano y ser rico en tu vida actual.

Deja que vengan a ti imágenes y sensaciones que estén en relación con este/estas personas/grupo. Recita tres veces en alto: «Estoy preparado para liberarme de las viejas relaciones y contratos con... (nombres)». A continuación empiezo a escribir. Escribe todo lo que te venga a la cabeza. Pueden ser frases, palabras incoherentes, palabras sueltas, incluso cosas que aparentemente no tienen nada que ver con el tema. No vaciles. Escribe durante cinco minutos sin reflexionar y sin conectar el intelecto. Plasma en la carta sencillamente todos los sentimientos que te unen a este/estas personas/grupo.

Cuando tengas la sensación de que está todo dicho, pide que se pueda romper la relación/contrato definitivamente. Cuando estés preparado, quema la carta. Para ello sujeta la vela que has encendido para este ritual. A continuación entierra las cenizas o espárcelas en una corriente de agua o al viento. Que sepas que todo ha pasado. En ocasiones aún nos vienen a la memoria sentimientos de miedo, de inseguridad, de soledad, etc. Si los percibes, vuelve a coger una cuartilla y vuelve a escribir hasta que se calme este sentimiento. Quema de nuevo la cuartilla cuando estés preparado. Que sepas que ha ocurrido. Todos los pactos se han rescindido. Por consiguiente, has dado lugar a que algo nuevo pueda acontecer. Se libera la vieja energía. No solo para ti, sino también para los/las demás.

Elohim Arturo y Diana

Perfección

El campo de energía de la perfección
atraviesa todo lo que es.
La santa simetría,
la eterna legalidad,
el primitivo manantial divino
más allá del espacio y el tiempo
fluye en las células de lo finito
y penetra
con energía eterna
en la forma, en el sonido,
en el color, en el espacio y en el tiempo.
Los átomos vibran al ritmo
de este santo manantial.
Nada es todo.

Trasfondo

Elohim Arturo y Diana (también Victoria) son los supremos seres angelicales de la luz violeta. La luz del séptimo rayo violeta sirve a la transformación y a la renovación perfecta de la forma divina original de la materia. Es el lugar de la luz de la santa simetría. La flor de la vida es la figura más simétricamente perfecta que contiene todas las demás figuras. Es un campo de energía que revive y que se activa para establecer el orden divino.

La materia puede deteriorarse y envilecerse, pero el mundo invisible permanece perfecto. En la fotografía Kirlian podemos ver la forma completa de la hoja, incluso si falta una parte de ella o se ha deteriorado. En las semillas está contenido ya el campo del que surgirá la planta. De ello se encarga la permanente e inagotable emisión de la luz violeta. La forma del mundo invisible es y permanece divina y perfecta.

En este manantial también se guardan las leyes universales, que dicen: microcosmo es igual al macrocosmo, el interior igual al exterior, arriba igual que abajo. Todo vibra. Causa y efecto. Lo único constante es la transformación. Lo que uno da, retorna a uno. Todo es energía... Aquí se puede experimentar la gracia divina a través de la fuerza de la indulgencia, cuando la persona está preparada para ello. Aquí, el karma puede resolver la ley de la causa y el efecto que actúa más allá de la muerte. De esta manera el siguiente paso evolutivo de la humanidad tiene lugar en el camino hacia el manantial.

Significado de la carta

Si te concentras en esta fuerza que te transmiten Arturo y Diana, se restablecerá en ti paulatinamente la perfección. Tu alma es perfecta. No puede resultar dañada, a no ser que tú lo permitas. El poder de la indulgencia es la forma más poderosa de liberarse del karma. El karma es la ley universal de la causa y el efecto. Esta ley actúa sobre el individuo, sobre grupos, pueblos, países y sobre toda la humanidad. No nacemos casualmente en un determinado país bajo determinadas circunstancias. La mayoría tenemos algo que resolver aquí o nos hemos propuesto servir aquí. De este modo podemos cooperar para aliviar o disolver el karma de una familia, de un país o de un pueblo. La familia es el pilar más pequeño del grupo. En la mayoría de los casos, en ella se manifiestan claramente todos los temas que hemos traído de una vida anterior, para resolverlos aquí plenamente. Esto puede ocurrir con ayuda de la llama violeta y de la perfecta geometría. Las preguntas que te conducen a tus temas son: ¿Qué se puede solucionar en mi familia? ¿Qué karma se encarga del pueblo o del país, con el que yo tengo que ver en este momento? ¿A qué historia me enfrento y cuál es mi contribución para resolverla? Pese a toda «injusticia», se te permite desplegar tu fuerza perfecta.

El mensaje de Elohim dice así: PERDONA Y SERÁS LIBRES PARA DAR EL SIGUIENTE PASO.

Ritual
Desprendimiento del pasado

Elige un espacio y encuentra tiempo. Pide a tu manera y de corazón al poderoso Elohim y a la poderosa Elohae que se unan a ti. Concéntrate en la «flor de la vida». Esta contiene la simetría perfecta. Si puedes imaginarte este símbolo internamente, comienza a enviarlo a cada átomo, sumergido en luz violeta: a tu cuerpo, a tus sentimientos, a tus pensamientos, a tu alma, a las personas a las que amas, a las personas a las que no quieres, a tu entorno, a tu ciudad, a tu país, a los animales, a las plantas y a los minerales. Finalmente, a toda la Tierra. Di en cada destino: «Se ha restablecido el orden perfecto en mi cuerpo». Se ha creado el orden perfecto de mis sentimientos. Se ha creado el orden perfecto en mi entorno, etc.

Este ritual llevado a cabo con la llama violeta de la transformación posee un intenso efecto purificador. Tú puedes volver a realizarlo y en todo momento se produce la curación y la transformación. Tú también puedes invocar este rayo junto a varias personas para la creación en nuestro planeta y contribuir de este modo en el plano espiritual, a la curación y a la purificación. También conocerás con el tiempo a muchas personas que ya trabajan en este plano, pues con este ritual se establece la relación y la comunicación.

❁ *Liberación del karma* ❁

Concéntrate con un par de inspiraciones en tu corazón. Imagínate a la persona o al grupo de personas a través de la cual o de los cuales se ha producido una injusticia. Pronuncia las siguientes frases desde el centro de tu corazón:

«Te perdono /os perdono lo que me has/ habéis hecho. Me perdono a mí por haberme sentido ofendido por ello

Yo me perdono a mí mismo lo que te he podido hacer a ti/a vosotros. Os perdono a ti/a vosotros por haberte/ haberos ofendido por ello.

Yo te/os transmito amor desde mi corazón y te/os disculpo con el conocimiento de que te/os es imposible dañar mi perfección».

Ischim Sandalfon

Maestría, automaestría

Yo soy la guardiana
del gran misterio.
A mí venís y de mí os vais.
Yo soy el principio y el fin,
nacimiento y muerte en uno,
la salida y la meta,
la expresión de lo más alto:
yo creo y destruyo.
Siguiendo el ritmo eterno
del regreso cósmico,
dibujo el rumbo
del futuro pasado y del tiempo eterno.
En mí reposa el misterio de vuestra existencia.

Trasfondo

Sandalfon es la expresión de la creación en su vibración más elevada y más baja. Es realmente un ángel misterioso que sigue a las personas desde su nacimiento y, por consiguiente, desde su existencia terrenal. Ischim Sandalfon es una fuerza femenina marcada: delicada, que espera amorosamente, que está allí con el corazón, bella, poderosa, joven. Es el primer y último peldaño en la consagración del hombre.

Originalmente las personas debían de haber formado la décima jerarquía de Dios según el plan divino, como se desprende de la Biblia. Deberían «someterse» a la tierra (1. Moisés 1, 26-28) y ser los «señores de la tierra» (respectivamente, maestros/ maestras). Pero no como ha ocurrido, sino en el sentido de la creación y de la vida. Lo que se pretendía era que aprendiesen a comprender las leyes de la materia y de las fuerzas de la naturaleza y que las utilizasen en beneficio de todos. Esta debía ser la realización suprema que el hombre pudiera alcanzar en este planeta: vivir el cielo en la Tierra. Pero una parte de la humanidad cayó. Se enfrentó al plan divino queriendo apropiarse del poder sobre la «madre Tierra» y sobre otras personas. De esta manera, el cielo se cerró. El conocimiento sobre la verdadera «razón de ser de la existencia» permaneció cifrado durante milenios y solo se transmitió oralmente del maestro a los discípulos. De este modo llegó a ser accesible a algunos iniciados. También algunas personas alcanzaron la maestría en el silencio, como, por ejemplo, Tara, Isis, María, Jesucristo, Gautama Buda, Zaratustra, etc.

Conocemos los llamados «milagros» que una persona es capaz de realizar tan solo a través de legados. A estos milagros pertenecen las denominadas curaciones milagrosas, cómo paralíticos que vuelven a caminar y ciegos que ven de nuevo o la multiplicación de los panes, caminar sobre las aguas, transformar la materia de tal forma que ya no tenga peso, la división del mar, telequinesia, telepatía, el estar a la vez en varios lugares, muertos que vuelven a la vida, resurrección, flotar en el aire*, influencia sobre las fuerzas de la naturaleza y de la climatología, etc. Estos son las «imágenes asociadas» a la verdadera fuerza divina del «YO SOY», de la energía de Cristo, o como la queramos llamar. Fueron y volverán a ser en el futuro las facultades naturales divinas del hombre, cuando este comience a emprender su personal

---

* Levitación.

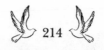

camino de consagración. Cada vez son más las personas que en los últimos años se proponen desarrollar de nuevo en su interior estas fuerzas luminosas. Pero de la decisión individual de cada uno depende qué clase de vida quiere vivir. Es el grado de maestría, del ser humano.

Significado de la carta

Cuando Sandalfon entra en tu vida, quiere recordarte tu poder y la fuerza original que vive en el interior de cada uno de nosotros. Tú no te puedes ganar el cielo. El cielo está en la Tierra. Tú te creas tu cielo o tu infierno aquí, ahora y en cada minuto de tu vida. Con cada decisión que tomas. Antes de que emprendas el camino del desarrollo de las fuerzas divinas es necesario que trabajes contigo mismo. Si quieres trabajar con la fuerza creadora pura y cristalina, tú mismo eres el primer «cristal» que tiene que purificarse. Esto significa que asumes toda la responsabilidad de todo aquello que ha sucedido hasta ahora en tu vida. También eres responsable de los pensamientos, palabras, sentimientos y hechos que transmitirás desde ahora, aunque no lo eres del «comportamiento» de los demás.

Sandalfon te explica, además, que todo es energía. No hay nada más que energía. Todo vibra. Solo la densidad y el índice de vibración son diferentes y, de este modo, la materia parece, sólida, fuerte*. Así pues, los pensamientos, palabras, sentimientos y hechos son energías transmitidas por nosotros con diferentes características. ¡Lo que transmitas retornará a ti!**. Tú puedes empezar a trabajar con estos conocimientos si quieres.

El camino del reconocimiento puede durar una o varias vidas o producirse con la rapidez de un rayo. Apréndete las leyes de la materia. Dedícate a este estudio. Conviértete en maestro/maestra de ti mismo. Sandalfon tiene tiempo. Te espera más allá de las dimensiones, hasta que alguna vez estés preparado para emprender el camino.

Ischim Sandalfon te envía dos mensajes: SOLO SI ASUMES TOTALMENTE LA RESPONSABILIDAD DE TODO AQUELLO QUE ACONTECE EN TU VIDA, PUEDES CAMBIAR LAS CIRCUNSTANCIAS. Y LO ÚNICO DURADERO ES LA TRANSFORMACIÓN.

---

* Tal y como reproducen también las ciencias naturales basándose en la teoría de la cuerda.
** Como cuando gritas en el bosque y resuena.

Ritual
El jardín del Edén

Al principio se encuentran la fe y la confianza en la fuerza creadora y divina. Sin embargo, con el tiempo y la experiencia se obtiene conocimiento a partir de ellas. Necesitas un poco de paciencia y de entrenamiento hasta que puedas percibir esta fuerza y tu cuerpo haya conseguido sintonizar «frecuencias» y niveles de vibración más altos. Empieza con el desarrollo de las fuerzas positivas: adopta una postura te resulte cómoda. Aspira y espira profundamente un par de veces. Cuando te hayas tranquilizado, emprende el viaje.

Sandalfon te abre la puerta. Tú entras. Te encuentras en un lugar rebosante de belleza: prados, arroyos, árboles, las montañas, el mar... Se trata de un lugar de la naturaleza, en el que te sientes especialmente a gusto. Considera la belleza y diversidad de la naturaleza. También puedes llevarte contigo a alguien que quieras que esté a tu lado.

Quédate callado. Respira un par de veces y, cuando espires, deja que fluyan todas las tensiones del día hacia fuera, hasta que experimentes la sensación de tranquilidad y de paz. Intenta no pensar en nada, solo trata de concentrarte en la belleza de tu entorno. Con el tiempo, comprobarás que estás en situación de percibir «campos de energía». Tú puedes concentrarte también en lo que tienes enfrente de ti, en silencio, con calma y con toda tu atención. También lo que está enfrente de ti se encuentra rodeado por un campo de energía. Cada uno posee su propia forma de percepción. Puede ser que veas, sientas, huelas o que percibas a través de sonidos, palabras y frases que se generan en ti. No ancles tu razonamiento en un determinado «concepto», deja que los hechos sucedan.

Reconoce el amor y la belleza con la que se ha construido la naturaleza. La finalidad y el sentido que posee cada detalle a tu alrededor. Escarabajos, aves, mariposas, flores, piedras, el cuerpo humano... reconoce la complejidad, las relaciones, la armonía. Nada es casual, aunque desde tu punto de vista humano se vea de otra forma. Comienza a abrirte al milagro de la vida en general y al tuyo en particular. Reconoce que todo lo vivo está estrechamente tejido formando una red luminosa. Todo lo que está en la tierra, lo que allí crece, corre, repta, nada, vuela, flota, cada flor, cada tallo, cada piedra, cada animal, cada persona, cada ser espiritual está unido a todos los demás. Hemos sido creados a partir de las mismas fuerzas, somos todos energía densa más o menos oscilante, con una irradiación especial. Nada está realmente fijo. Lo único verdaderamente permanente es la transformación, el movimiento.

Comienza por valorarte a ti mismo y por andar tu camino sin reservas. Si persigues el amor y la nostalgia, en tu vida ya puedes hacer realidad la idea de que haya cielo en la Tierra. Sandalfon te explica que, ante los ojos del creador, todos somos algo especial, incluso tú. Nos diferenciamos como las flores de un jardín y cada uno de nosotros tiene una tarea determinada en la gran red de la vida. La energía divina encuentra una expresión especial a través de tu personalidad. ¡Bienvenido a la vida! Si empiezas por respetarte, respetarás la vida. De este modo comienza el camino hacia la maestría y así aportarás una valiosa contribución a las generaciones futuras para cumplir el legado original, conseguir que haya cielo en la Tierra.

Querubín Gabriel

Contradicciones; luz y oscuridad

Soy el guardián
de la primera fase de la iniciación.
Te conduzco
a través de la espiral de la Luna.
En esta fuerza
reside el descubrimiento
de la profundidad del propio yo,
que brilla en las estrellas.
Aquí comienza el dominio
de las fuerzas propias,
el autodominio.
Tu serás puesto a prueba
por el crepúsculo de los sentimientos.
En un recorrido en forma de espiral

aprendes, recogido en ti,
a dejar que los sentimientos se vayan y vengan.
Te acompaño a través de esta fase.
¡Qué así sea!

Trasfondo

El arcángel Gabriel tiene diversas tareas y desempeña numerosos cargos: es el guía del gran rayo blanco, aunque también guardián de la primera fase de iniciación. Examina a las personas que se dirigen al camino de la maestría. Es el guardián del alma, del reino de Jesod y de su puerta, del mundo de los sentimientos y de las emociones. Este plano consta en primer lugar de formas nebulosas, vagas, indeterminadas. Es el mundo en el que habitan los ángeles. Aquí se encuentran los ángeles de la oscuridad o de las tinieblas (ángel del infierno, demonios o ángel del examen) y los ángeles de luz (en el sentido de la pura conciencia divina). En el libro de Enoc se detalla la cifra de ángeles con la expresión «mil veces mil y diez mil veces 10.000».

Este reino es el mundo de la polaridad, de los aparentes antagonismos masculino/femenino, día/noche, montaña/valle, bajamar/pleamar, claro/oscuro, amor/odio, etc. Estos pares de gemelos son las dos caras de la misma moneda, que forman una unidad. Uno no puede existir sin el otro. Aquí rige, pues, ocuparse de las contradicciones.

En función de las circunstancias, una característica puede ser buena y mala: a título de ejemplo, una persona habladora puede inspirar a otras personas mediante la transmisión de información. Pero a través de sus palabras puede destruir, si lo que hace realmente es contar chismes, mentir, vacilar. Una misma característica, que es neutra en sí, tiene, por lo tanto, una cara luminosa y otra oscura, cuando no se utiliza con conciencia. El dominio de la palabra/del silencio significa saber cuándo es oportuno hablar y cuándo se debe callar.

La sabiduría de la primera fase de iniciación, la fase de examen del alma, dice: «Las cosas nunca son malas; solo es malo cómo piensas y cómo te manifiestas sobre ellas». No hay ninguna energía negativa y ninguna propiedad negativa. Solo existen energías y propiedades mal utilizadas. El dominio de las características, de las propiedades, significa utilizarlas en el momento adecuado y en el día adecuado. Sigue el ritmo.

Significado de la carta

Encontrarte con el querubín Gabriel en la primera fase de la iniciación significa que eres invitado a ocuparte de las fuerzas de la polaridad, de los antagonismos. Si haces esto, con el tiempo comprobarás que se corresponden y que son las caras de una misma moneda.

Con frecuencia, nuestra vida sentimental se presenta confusa y caótica. En un determinado momento nos encontramos todavía «llenos de júbilo», y al cabo de poco tiempo nos encontramos de nuevo «afligidos hasta la muerte». Nos sentimos como un «balón de los sentimientos». Nos cruzamos con determinadas personas y nuestro estado de ánimo cae en picado o sube hasta el cielo. Nuestra «vida sentimental» parece depender del exterior. Pero ten en cuenta que los sentimientos se generan en tu interior. Tú generas los sentimientos y nadie más. Nadie y nada posee la energía o la fuerza sobre ti. Tú ofreces a los hombres, a las circunstancias, a los lugares y a las cosas tu poder y lo coloreas con tus emociones.

En todas las escuelas esotéricas, la enseñanza y el dominio de las emociones se ha considerado una importante etapa en la vía hacia el conocimiento. A ello pertenece «la revelación» y ocuparse de cuestiones como: ¿De dónde proceden mis sentimientos? ¿Quién o qué siente en mi interior? ¿Qué es lo que desencadena este o aquel sentimiento en mí? Tú te conviertes en el observador de tu vida sentimental y aprendes con el tiempo a controlarla. También puedes intentar adoptar diferentes situaciones sentimentales, creando conscientemente en tus pensamientos situaciones que te lleven a la sonrisa, que te entristezcan o enternezcan, que te endurezcan, te produzcan ansiedad... Observa las situaciones que tú creas y las sensaciones que se derivan de ello. Comprobarás que tú puedes cambiar las situaciones casi como quien aprieta un botón, como si quisieras ver una película.

Ya ves que las emociones son fáciles de crear y de dirigir. El «baño alterno de los sentimientos» al que nos sometemos ataca el centro nervioso y a veces tiene que pasar más tiempo hasta que de nuevo nos volvemos a centrar. De ahí que sea importante ser consciente y aprender a dominar los sentimientos si quieres progresar en tú camino. Los sentimientos son como rótulos indicadores. Empieza a asumir toda la responsabilidad de tu «vida sentimental».

En este plano puedes trabajar estrechamente con los ángeles del rayo. Llámalos mediante un ruego, una oración. Siempre te acompañarán con cariño, son los puntos iluminados de ti mismo. Su mensaje dice así: CONÓCETE A TI MISMO Y A TUS CAPACIDADES.

Ritual
❀ *La espiral de la Luna* ❀

Busca un espacio y tómate tu tiempo. Relájate. Respira profundamente y al espirar deja que escapen las preocupaciones cotidianas. Si has encontrado reposo en ti, trasládate a la puerta de Jesod, el reino de la Luna. Si estás preparado para cruzar esta puerta, pídele protección y asistencia al arcángel Gabriel. A continuación cruza la puerta.

Al principio tus ojos tienen que acostumbrarse a la luz de la luna. El camino a través del reino está mal iluminado. Tú intentas permanecer exactamente en el camino. Figuras surgen y vuelven a desaparecer. La niebla desfila. En la lejanía resuenan sonidos inquietantes. Surgen recuerdos de días de la infancia que transcurrieron hace mucho tiempo, personas, sonidos de las profundidades. Te encuentras con situaciones que te han angustiado. Surgen en tu cabeza frases que en algún momento te han atormentado. De pronto están nuevamente presentes en tu mente sueños que han sido causa de preocupación. Esto ocurre para llevarte a la confusión, para apartarte del camino. Los esquemas del pasado intentan obtener poder sobre ti. Te quieren atemorizar, empujarte a oscuros agujeros, robarte tu energía y empequeñecerte.

Cuando la situación se agudiza, pones tu mano sobre el corazón y respiras la fuerza de tu corazón. Percibes entonces la protección y la luz del arcángel Gabriel, que se encuentra a tu lado. Siempre que tus esquemas son una carga especialmente pesada y oscura para ti, sientes su intensa y clara luz, así como la fuerza que te transmite. El camino cambia así instantáneamente. Se clarifica. Surgen personas, objetos y acontecimientos que te han fortalecido y te han beneficiado. Los ángeles luminosos que están siempre contigo te envían tu sonrisa, la alegría y la felicidad, que has experimentado hasta ahora en el camino. Adviertes cómo tu fuerza se fortalece sin retraso. Con esta fuerza puedes continuar tu camino.

En el plan se presentan situaciones del pasado más reciente, acontecimientos en los que surgen las personas te han hecho daño y te han insultado. Pero con la luz que luce en tu interior, con la protección del querubín Gabriel y de los ángeles luminosos, puedes considerar esta situación desde otro ángulo de visión. Tú reconoces lo que se repite. A través de la luz que penetra en ti te conviertes realmente en observador. Sin duda, te sigue estimulando lo experimentado, pero ya no te afecta tan profundamente.

Te encuentras, pues, en el presente. Se te presentan situaciones actuales y personas que están ahora contigo. Tú ves las cosas que son hermosas en tu vida y reconoces exactamente las circunstancias que tienes que cambiar, pues no son adecuadas para tu vida sentimental.

Ahora entras en el futuro. Aquí, el paisaje está vacío como una cuartilla sin escribir. Algunos acontecimientos del presente dibujan sus sombras en este tiempo futuro, pues en él tienen que llevarse a término. Cuanto más avances, más libre será la superficie. Constatas que los pensamientos que corren por tu cabeza se materializan de forma instantánea: piensas en un prado florido, y en cuestión de segundos te encuentras en un prado lleno de flores. Piensas en una persona, e inmediatamente se encuentra en el borde del camino.

Al principio no percibes que son tus pensamientos y sentimientos los que crean este mundo. Pero con el tiempo adviertes que todo lo que piensas aparece inmediatamente. Comienzas a jugar con esta nueva fuerza que acabas de descubrir. Piensas en una casa bonita, e instantáneamente está allí. Piensas cariñosamente en tu pareja, y ya te está abrazando. Piensas que tú no mereces todo esto, e inmediatamente desaparece todo y se ciernen nubes tormentosas. Rápidamente piensas en un bonito día de verano y súbitamente está allí. Adviertes que no es tan sencillo mantener un pensamiento y conservar también el sentimiento de que tú mismo has creado todo esto y de que eres responsable de ello. Pero cuanto más tiempo practicas el conservar pensamientos y sentimientos, más se prolonga esta felicidad en tu futuro.

Con el deseo en tu corazón de entrenar esta fuerza, de repente te encuentras de nuevo ante la puerta. Miras hacia atrás y ves que has dejado un camino en forma de espiral. Agradecido por el camino y por el regalo de esta fuerza, te inclinas ante la presencia del guardián divino de esta puerta que te mira con cariño y de nuevo regresas a tu vida.

Bne-Elohim Rafael
Ciencia del alma

Déjate llevar más alto.
En el reino del arco iris divino
irradia la luz de la grandeza
para inspirarte en tú camino
y enviarte energía, claridad y protección
en tus cometidos.
Todos disponen de sabiduría divina
en el lenguaje universal.
¡Aquel que tiene oídos, oye!
Los que dirigen la poderosa irradiación
de la luz divina están aquí
para proclamar la forma de la transformación.
A casa, hacia la luz, hacia arriba.
¡Confía en la guía! ¡Reconoce el camino!
Utiliza las posibilidades ocultas de la creación.

Trasfondo

Bne-Elohim Rafael es el guardián del reino de los arcángeles y el guía del rayo verde esmeralda. Se encuentra en la puerta de Chod, el reino de la octava jerarquía. Este reino está asignado a Mercurio. El reino de los arcángeles es el reino real de los ángeles. Los arcángeles son seres de energía muy elevados, puros y luminosos. Envían al mundo la sabiduría perpetua de lo divino en los colores más puros y en la armonía suprema.

Desde este plano emanan las informaciones cristalinas del rayo más puro hacia todo lo que es. Todo es información. Cuanto más pura y luminosa es la energía de la información, mayores son las fuerzas curativas que posee. Penetra en la creación hasta en su elemento más básico. Los arcángeles guían a las legiones celestiales de ángeles que traen estas informaciones a nuestro mundo. Ayudan a los humanos en su camino del desarrollo. A través del contacto con estos seres sublimes y sus asistentes se nos revela poco a poco el saber universal y fluye la información divina. Cada vez somos más conscientes de la unidad y de la armonía que hay entre todo lo que forma parte de la vida. De ello surge, pues, el profundo amor hacia la creación y hacia su patente belleza.

Con el tiempo se puede desarrollar una nueva unión entre todas las formas de vida (minerales, plantas, animales, paisajes, seres humanos). Estos brillantes seres luminosos son los heraldos de la era dorada, que se hará realidad en la Tierra en el momento fijado. Es la fase del maestro y de los sabios.

Significado de la carta

Con Bne-Elohim Rafael te asomas a la entrada de Chod. Te alcanza la radiante y clara luz de los arcángeles. Desde aquí se irradian informaciones divinas al mundo de la forma. De este modo, la forma antigua se va modificando lentamente y puede originarse una nueva.

Tú experimentas aquí la orientación de tu ser supremo. Bne-Elohim Rafael te pide apartar tu conciencia de todo lo externo, reflexionar sobre tu situación actual a la luz de estas fuerzas. Él te explica que todo es información, no solo las palabras y los textos. También las personas, los lugares y las circunstancias contienen informaciones que van más allá de las palabras. Por ejemplo, una persona provoca en ti una sensación agradable. Esto puede significar que está en consonancia contigo y con tu energía. Las personas que te resultan molestas pueden, por ejemplo, contener informaciones que se «cuelen» en lo más profundo de tu subconsciente y que te recuerdan algo que no te produzca bienestar.

A diario afluye una avalancha de informaciones a tu vida. Pero ninguna información, ninguna persona, ninguna circunstancia, ninguna situación ni acontecimiento entran casualmente en el escenario de tu vida. No hay casualidades. Selecciona la información y trabaja con ella. Examina la información de tus pensamientos, ellos te indican la orientación de tu energía. ¿De dónde vienen tus ideas? ¿Se adaptan a ti? ¿Te ayudan a ti o a otros? Aprende a protegerte de informaciones que no te son favorables. Despídete de convicciones superadas y que ya no sirven a tu desarrollo. En este ámbito se estimula la capacidad de diferenciación.

En tu interior dormitan talentos y capacidades que esperan ser transmitidos al mundo. Estos te han sido otorgados. Aprovecha las posibilidades de expresión creativa para perfilar tu talento. De este modo puedes dar a tu vida un nuevo sentido más luminoso. Cada parte de ti mismo, que tú aprendes a expresar, permite que te cures.

El saber y la sabiduría del arcángel están a disposición de cualquiera. También te ayudan en tu camino si tú las pides en tu vida. Rafael te dice: TODO ES INFORMACIÓN. APRENDE A COMPRENDERLA.

Ritual
❂ *El lugar de la luz del arco iris* ❂

Elohim Rafael te pide que separes tu conciencia de todo lo exterior. Emprende el camino hacia el interior, hacia el lugar oculto de tu centro. Respira profundamente un par de veces. Cuando lo alcances, sentirás que en ti se propaga una sensación de paz interior.

Descubres la puerta de Chod. La luz irradia a través de ella. Pides permiso para entrar. La puerta se abre. Accedes al radiante reino etéreo del arcángel, el guía de los mundos angelicales. Tú te encuentras allí, pleno de reverencia y admiración. El rayo es puro y claro. Todo está animado. El reino desconocido que se extiende ante ti está repleto de belleza y armonía. Descubres ante ti prados, flores, árboles, arroyos, paisajes con el brillo más puro de la luz. Por todas partes se encuentran templos y salas divinas de las formas y orientaciones más diversas. En ellos se guardan y enseñan los misterios y las propiedades de Dios. También ves lugares. Él te guía a través de los campos de los siete rayos.

Entras en el primer templo, que brilla con el fulgor del rayo puro blanco y cristalino. El arcángel Gabriel y su complemento divino, el ángel de la esperanza, vigilan a través de este rayo. La luz te irradia como «rayos X» y momentáneamente se hacen visibles todas las manchas oscuras de tu hábito terrenal. Contemplas estas manchas oscuras de tu alma. No te llega a ti ningún pensamiento de pecado o sanción, ningún juicio. Reconoces que las manchas solo te indican las cosas que todavía tienes pendientes de resolver. Son tus tareas de aprendizaje y «crecimiento». Mediante este reconocimiento retornas a tu primitiva inocencia y pureza interior.

Después de esto, estás preparado para el templo del rayo violeta. Aquí, el arcángel Zadquiel y su complemento divino, el ángel de la transformación o Amatista guardan el fuego sagrado del perdón. Tú te pones bajo la protección de esta llama violeta. Sientes como la fuerza del perdón te libera de tu pasado. Perdonas a todas las personas, circunstancias y situaciones con las que te has encontrado y a ti se te perdona.

Allí te alcanza el rayo azul desde el templo más próximo. Percibes un sentimiento de protección y de recogimiento. El arcángel Miguel y su complemento divino, el ángel de la fe, dirigen este dominio. Te transmiten el ánimo y la fortaleza, la visión de tu ser. Los ayudantes del arcángel Miguel separan de ti con sus espadas radiantes los últimos restos, que ya no te pertenecen. Te sientes definitivamente libre de las ataduras de tu pasado.

En el siguiente templo te recibe un verde brillante. Te encuentras aquí en el dominio de la madre María y el arcángel Rafael, que te acompaña a través de este reino. Tocan tu corazón el consuelo y una profunda compasión por todas las horas de dolor, de soledad, de incomprensión, de tristeza por tu existencia terrenal. El dolor que allí reside fluye hacia fuera. Conoces la riqueza y el regalo de tu vida. Tu corazón empieza a abrirse.

La fuerte radiación magnética del rayo rosado penetra profundamente en ti desde el siguiente templo. Tu corazón comienza a abrirse y sientes el pulso del amor. Es la fuerza y el vigor de la eternidad. El arcángel Chamuel y su complemento divino, el ángel de la caridad, guían esta radiación. Tú percibes la capacidad para amar que se te otorga.

Un amarillo dorado te envuelve en el reino del arcángel Jofiel y su complemento divino, el ángel de la constancia, llamado también Lady Constancia. En el interior de tu corazón sabes lo que hay y lo que no hay que hacer. En el dominio de la enseñanza de Dios tienes la capacidad de entender profundamente las palabras de la sabiduría en ti. Se genera en ti el deseo de trasladar esta sabiduría a tu vida.

El rayo rojo anaranjado te alcanza en el siguiente templo. El arcángel Uriel y Dona Gracia dirigen a nivel mundial esta poderosa radiación del amor activo. Sientes que puedes ser en el mundo un canal consciente para las maravillosas radiaciones sublimes de Dios. Reconoces las inagotables posibilidades de expresión creativa de las que dispones. Sientes un profundo agradecimiento.

Te encuentras de nuevo a las puertas de Chod. Contemplas el plano que acabas de vivir. Observas la amplitud infinita y la riqueza de colorido de este reino. Echas una ojeada a los dominios recorridos. Pero tras ellos se encuentran reinos etéricos aún sin descubrir, que brillan en los tonos magenta, turquesa y otros colores aún no descubiertos. La luz y otras tonalidades nunca vistas brillan y te guiñan en la lejanía. Aquí actúan todavía un sinfín de arcángeles desconocidos con legiones celestiales de ángeles.

Tú aceptas en lo profundo de tu ser los mensajes recibidos. Atraviesas a continuación la puerta de Chod y te encuentras nuevamente en el círculo mágico de tu centro. En este círculo retomas tranquilamente los hilos de la vida cotidiana.

Advertencia: si quieres ocuparte con mayor detalle de los siete rayos, pide para que se te informe acerca de cuál de ellos es más importante para ti en el momento actual. Extrae entonces una carta de los 14 arcángeles / complementos divinos, de los ángeles luminosos y de los Elohim.

Elohim Haniel
Capacidad de amor

El guardián del poder verdadero
se encuentra delicado y fuerte
ante la puerta del reino floreciente.
Desde ahí fluye y corre la fuerza latente
del rayo femenino que todo lo une,
que realiza milagros verdaderos
hacia los mundos de la eternidad.
Desde ahí viene y hacia allí fluye
traspasando el velo de la temporalidad.
Ella es la victoria sobre la oscuridad,
Ya que esta debe desaparecer cuando se haya acabado su tiempo.
La fuerza oscura no tiene ningún poder
en comparación con lo verdadero, con la luz eterna.
Porque lo que esta fuerza amada consigue unir
permanece unido hasta la eternidad.

Trasfondo

Elohim Haniel es el guardián de la fuerza de Dios que fluye y que todo lo traspasa. Él vigila la puerta del reino Nezach, el reino de la victoria y del poder verdadero. Se trata del reino de los complementos divinos, las fuerzas femeninas originales, que se atribuyen a Venus. Todo el mundo conoce esta fuerza. Porque traspasa todo lo que existe. Es la fuerza del amor divino. Posee muchas facetas. Sin embargo, es también aquella fuerza que mantiene todo unido y que actúa a través de todo.

A partir de este reino fluyen los colores claros y puros de las fuerzas divinas femeninas al mundo de las formas. Esta fuerza es aquella que espanta a todas las oscuridades y a todos los demonios de forma inmediata. Estos deben rehuirla, pues es una fuerza tan poderosa que es capaz de atravesar todas las fronteras, imaginaciones y todos los obstáculos. En la Edad Media esta fuerza era atribuida a los principados*, a las ciudades, a los países, a los pueblos, a los dirigentes. Los ángeles de esta «clase» son los protectores y los guardianes de estos ámbitos. Reúnen las energías que son emitidas por grupos populares y las envían de vuelta en forma de acontecimientos, para que el hombre aprenda a partir de ellos y para que se dirija de nuevo a la fuerza verdadera del amor divino, con el fin de unirse a ella.

La consagración en la séptima jerarquía recibe el nombre de «escalón del profeta». Un profeta ha alcanzado conciencia sobre el plano del amor universal e incondicional. Este amor no debe confundirse con el amor del «grado animal». Este se encuentra oscilando tres escalones más abajo y siempre pone condiciones. Quiere poseer, quiere siempre únicamente al cuerpo. Se trata del escalón de la «conservación de la especie». Quien se encuentre dominado por este amor, experimentará en su conciencia un desdoblamiento y buscará la mitad corporal que le falta para alcanzar su satisfacción. Este amor ligado a condiciones quiere tener, tomar y poseer.

El amor del «grado de consagración» no procede de la disociación, de la separación, sino de la unidad divina. Es universal, siempre actúa dando. Irradia desde la conciencia de la unidad universal divina. Las personas que pertenecen a este grado están embebidas por este amor divino. Debido a esta unión, las personas de

---

* Véase el capítulo «La Cábala».

este grado pueden predecir el futuro de pueblos, países y grupos. Su mirada está dirigida con todo su amor hacia la eternidad.

Significado de la carta

Haniel proclama que te encuentras delante de la puerta de la séptima consagración. Se encuentra guardando esta puerta cósmica. Te conduce hacia el reino de los complementos divinos, de tu fuerza femenina original. Vive en ti, ya seas un hombre o una mujer. Es la retroinspección, la intuición, la percepción, la calma profunda, consciente con el corazón, amando sin condiciones, pura, compasiva, transformadora, protectora, fortalecedora y consoladora. Es el «pan de cada día» de tu alma, el imán divino. Estos ángeles, complementos divinos, se encuentran ocultos en lo más profundo de cada hombre. Se encuentran esperando pacientemente a esa llamada que las despierte y están dispuestas a desarrollarse. Ellos orientan nuevamente tu mirada hacia el amor.

Comienza por aceptarte y por quererte a ti mismo tal y como eres, sin condiciones. Conviértete desde tu interior hacia fuera en el imán luminoso del amor divino. ¡No esperes ! Aprovecha todas las posibilidades que posees en tu interior. Deja que te impulse tu propio amor divino. Comienza a desarrollar tus poderosas facultades. Ve el amor en ti, en tus semejantes, en la creación. Aprecia y valóralos. Exprésalos. Despídete de tu conciencia de la carencia, de la preocupación por todo aquello que no posees en tu vida, por aquello que tienen los demás y que tú no tienes. Comienza a ver la riqueza que te rodea y la que habita en tu interior. Déjate impulsar hacia arriba por las alas de tu capacidad de amar, hacia el jardín del amor.

El mensaje de Haniel dice: EL AMOR VIVE EN EL SER.

Ritual

❀ El jardín del amor ❀

Tu camino te ha conducido a la puerta de Netzach. Elohim Haniel ya te está esperando. Tú estás preparado para entrar en el jardín del amor, cuya magia te está atrayendo. Te quitas los zapatos y todo aquello que resulta superfluo. Totalmente natural y así como tú eres, sin equipaje, te recoges en tu interior y atraviesas la puerta de Netzach.

Los pájaros cantan. Por todos los sitios se percibe el olor de los árboles florecientes y de las plantas. Tú asimilas este agradable olor en tu interior. Estás fascinado por la variedad de plantas y de flores y te dejas llevar por tu deslumbramiento. La hierba se siente suave y fresca bajo tus pies. Disfrutas de cada paso sobre esta bellísima y colorida pradera de flores. El jardín por el que te mueves en este momento es indescriptiblemente bello. Tus ojos no habían admirado anteriormente una armonía y una plenitud semejantes.

Te sientes atraído por el murmullo de una cascada. Lentamente sigues el ruido del agua fluyendo. Una vez que has llegado al lugar, contemplas el agua clara, limpia y de color turquesa. Metes un pie en el agua y para tu sorpresa compruebas que su temperatura es bastante agradable. Te desvistes. Te miras en el reflejo del agua. Reconoces tu belleza y tu perfección. Lentamente vas entrando en el agua. Es suave, agradable y refrescante. Todos los pensamientos, todos los juicios que se han hecho sobre ti y sobre el mundo fluyen hacia fuera. Solamente tú y el agua estáis ahí. Nadas hacia la cascada y dejas que el agua te cubra. Las últimas imágenes negativas son eliminadas de tu alma. Te hace bien. Te sientes muy ligero. Tu corazón se abre como una flor en el sol de la mañana. Te sientes en consonancia con la naturaleza, contigo mismo y con todo aquello que te rodea. Los sonidos de la armonía te llenan.

Cuando de nuevo vuelves en ti, nadas hacia la orilla. Te envuelves en tu manto. Descubres un templo maravilloso entre los árboles que están floreciendo en tonos rosa, amarillo y blanco. Sintiéndote especialmente ligero entras en el templo que te ha atraído con su magia. En el centro reconoces un ser luminoso femenino que irradia luz. Irradia una luz compuesta por tus colores favoritos. Las olas del amor que parten de este ser llegan a ti. Tú sientes un amor increíble en tu interior. Lleno de confianza te acercas a este ser. Durante largo tiempo os contempláis mutuamente. Os conocéis. Es una parte de ti. Te toca con suavidad y te traspasa su energía. Sientes un amor profundo y una gran alegría por este encuentro. Sientes el pulso de esta luz magnética en ti. Cierras los ojos. Las olas del amor que fluyen en presencia de este ser iluminado, las envías tú en todo lo que te resulta querido. Tú transmites este sentimiento a aquellas personas que tú quieres y sientes cómo se abren sus corazones. Envías esa ola de amor a aquellas cosas que son importantes para ti. Llenas el presente y el futuro de tu vida con esta ola de fuerza. Envuelves todo en esta luz de amor magnética, luminosa y latente. Tú mismo te has convertido en esta luz.

Tu «ángel del amor» te entrega algo en la mano. Abres la mano y reconoces en aquello que te ha dado una señal de unión entre tú y el ser luminoso del reino espiritual. Es el momento de regresar. De nuevo te encuentras en la puerta. Lleno de gratitud por lo que te ha entregado este reino regresas de nuevo a tu mundo.

Malachim Miguel
Conciencia, iluminación

Aquí has llegado
al lugar del verdadero yo,
de la total conciencia y del sol eterno.
Desde aquí la luz divina que luce
nunca más te va a abandonar.
Te has sacrificado sobre el altar de los más altos lugares
para dejar que fluya a través de ti la luz de Tipharet.
Los lugares soleados de la belleza consumada
y del equilibrio perfecto
te impulsarán con anhelo
una vez que hayas estado en ellos,
hacia la existencia eterna
en esta luz. Sobre este plano
comienza el verdadero camino de los iluminados.
Tú estás preparado para desarrollar la luz interior.

Trasfondo

Malachim Miguel no es otro que el arcángel Miguel. En los «papiros del Mar Muerto» es llamado el «príncipe de la luz». Es el conductor del rayo azul zafiro y también el guardián del reino Tipharet. Este reino es atribuido al sol y al ámbito de la conciencia pura. Tan solo seres iluminados celestiales de la creación pura pueden encontrarse en esta luz. Este reino es el centro de la existencia. Con su poderoso rayo atraviesa todos los demás reinos y los ilumina.

En la Edad Media se denominaba a las fuerzas de consagración que actuaban en Tipharet «autoridades» o «fuerzas celestiales». Se las describió como fuerzas que protegían al cielo de los ataques de los demonios y que acompañaban al hombre después de su muerte al cielo con el fin de que este no se extraviase en los reinos intermedios bajos. Cuanto mayor es la fuerza de la luz, mayores son las fuerzas de la oscuridad. El sol ilumina a aquel que ha alcanzado la madurez y ciega al que aún no está preparado para este reino.

Este es el último escenario de la eterna lucha por el alma entre el bien y el mal. Aquí también tiene lugar la última pugna entre el yo superior y las fuerzas del egoísmo y sus artes de juego. ¿Estoy verdaderamente dispuesto a sacrificar mi ego, a subordinarme para ser consciente de mi yo? En este ámbito las fuerzas divinas comienzan a desarrollarse, cuando ya ha tenido lugar la última lucha. Este es el reino de «los hijos y las hijas de Dios». Aquí se une el hombre a su fuerza y a su razonamiento superior. Abandona el plano del espíritu «pequeño» y alcanza el escalón de los maestros y de los iluminados.

Significado de la carta

Si te presentas ante Malachim Miguel en la puerta de Tipharet, entonces prepárate. Se trata del reino del reconocimiento verdadero. Tú ya no puedes hacer responsable a nadie de las circunstancias de tu vida o de tu pésima situación. En lugar de ello muéstrate dispuesto a enfrentarte con tu enemigo interior. Las circunstancias externas en tu vida tan solo son un espejo de las sombras de tu interior. Las fuerzas de Tipharet te enseñan los puntos en los que aún debes trabajar. Malachim Miguel te proporciona el poder, la fuerza y la fortaleza y también el valor para enfrentarte a tus sombras y para librarte para siempre de ellas. Prepárate para la lucha verdadera con tu enemigo interno. Malachim Miguel te ayuda cortando con su espada de luz los hilos que te unen a los actos, las palabras y los acontecimientos pasados.

El mensaje de Miguel dice: Tú SOLO PUEDES RECONOCER EN CADA UNO DE LOS DEMÁS AQUELLO QUE YA HAS DESCUBIERTO EN TI.

Ritual

❁ *Encuentro con el espejo* ❁

Antes de continuar leyendo, respira profundamente un par de veces y siente la calma en tu interior. Permanece ahí con los cinco sentidos. Cuando estés preparado, ve hacia la puerta de Tipharet.

Malachim Miguel custodia esta puerta. Pídele que te deje entrar. Él te pregunta si verdaderamente estás preparado para atravesar esa puerta. Tú te das cuenta de la importancia de la pregunta y recapacitas durante un momento. Él te ilumina con su mirada. Si tu respuesta es «Sí, estoy preparado», entonces entra. Malachim Miguel te da su bendición e irradia hacia ti valor y fuerza.

Tú atraviesas la puerta. Una luz clara resplandeciente penetra en ti. Te sientes especialmente alegre. Bailas, te alegras y disfrutas esta luz. ¡Por fin! Una vez que has manifestado tu alegría durante cierto tiempo, se dejan sentir tus costumbres. Quieres comer algo, leer, trabajar, fumar, telefonear, hablar, etc. Pero en ningún lugar tienes la oportunidad de hacer nada de esto. Comienzas a sentir insatisfacción e intranquilidad. Tú quieres abandonar poco a poco este ámbito, porque ya has tenido suficiente. Sin embargo, no hay ninguna puerta ni ninguna salida a la vista. Te dispones desesperadamente a encontrar una salida. Pero no tienes éxito. Lentamente te impacientas y empiezas a enfadarte. Estás nervioso. Sigues deambulando por este plano de luz. Comienzas a desesperarte. Te preguntas si has sido conducido hacia la perturbación o si acaso puede ser obra de los demonios. Tus dudas van creciendo. Te vuelves irascible y te sientes engañado. Pero el único que está ahí eres tú. Lloras, gritas, saltas, te lamentas, ruegas y mendigas, pero no se ve remotamente a nadie. Maldices y te enfadas por haber elegido ese camino.

No hay nada, excepto tú y la luz que luce milagrosamente. Tu comportamiento se refleja solo en ti. Comienzas a reconocerte. Lenta y pausadamente vas cediendo. Cierras los ojos. Entonces oyes una voz: «¡Guarda silencio y permanece despierto!». Miras a tu alrededor, y no ves a nadie. De nuevo cierras los ojos. Esta vez esperas despierto a que te llegue un signo de vida. Te sumes en tu yo profundo.

Entonces, súbitamente comienza a moverse en tu interior una rueda. Ves tu reflejo en un lago de luz. La luz se condensa y se intensifica. Poco a poco vas reconociendo imágenes de tu vida. Se está proyectando una película. Lentamente y hacia atrás. Va retrocediendo hacia tu infancia. Vives todo muy claramente y con todo detalle. Asistes a tu nacimiento. Una puerta y de nuevo otra vida. La rueda sigue moviéndose. Tu sorpresa va en aumento. Te reconoces a ti, a las personas que ves y a las circunstancias, a pesar de que hayan sido cambiadas las épocas de tiempo y las apariciones.

Te asombra la exactitud y el orden del plan divino. Miras con mayor profundidad en tu propio reflejo. Sientes la inmortalidad de tu alma. Reconoces las sombras: los daños que infligiste a otras personas, las injusticias y la dureza que te llegaron a dominar. Los caminos errados de la vida de tu alma se exhiben con todo detalle. Te encuentras al enemigo que hay en ti y al que continuamente intentabas combatir desde fuera. Te arrodillas y sientes con tu ser. Subyugado por la visión de tus errores, te encuentras dispuesto a rendirte.

Lo más importante ya está hecho. Te has enfrentado con tu propio reflejo. Sientes cómo la luz va penetrando en ti más extensa y profundamente. Comienzas a derretirte como la cera expuesta al sol. Cuando el último ápice de tus células ha sido atravesado por la luz, sientes la última revelación de tu razón. A continuación llega el silencio, la nada. –Tú desconoces el tiempo que has permanecido en este estado. Puede tratarse de horas, semanas e incluso de siglos. El tiempo no juega un papel importante.

Abres lo ojos. Puedes ver. Con el asombro de un niño miras a tu alrededor. Ves seres iluminados majestuosos que se miran con amor y que se alegran contigo. Reconoces la inspiración de la creación, su incalculable riqueza y su belleza. Todas las preguntas han sido contestadas. Todos los deseos cumplidos. Te rindes ante el orden, la sabiduría y la claridad. Experimentas cosas que nunca te hubieras atrevido ni a soñar. La sensación de un amor profundo e indescriptible se va extendiendo en ti.

De repente te encuentras de nuevo delante de la puerta que ya habías olvidado completamente. Ha llegado el momento de abandonar este lugar. Malachim Miguel te envía su luz. Vuelves la cabeza hacia atrás y, lleno de gratitud, acoges la extraordinaria belleza en tu ser. Entonces atraviesas la puerta. Una vez que has regresado de nuevo a tu vida, te das cuenta de que algo ha cambiado. Antes tú buscabas la luz. Ahora eres tú la luz. Te has convertido en el sol que irradia su luz hacia su entorno. Conoces tus debilidades y tus fuertes. Sientes una profunda simpatía hacia tus semejantes, ahora que conoces el camino de la luz. Dejas que las cosas lleguen y se vayan, pues tú sabes que cada uno ve en los demás tan sólo un reflejo de si mismo.

Seraphim Kamael

Fuerza de voluntad, partida

Finalmente, has llegado ante la puerta
de la fuerza de los poderosos Elohim.
Aprende de ellos.
Ellos te muestran el reino de la creación.
¡No temas!
Reconoce la verdad, la fuerza
y la grandeza de la eternidad.
Se encuentra oculta en lo más profundo de tu ser.
El eco de tu alma la invita a
hacer su aparición en el escenario de tu vida,
a acompañarte
cierto tiempo a un espacio determinado,
a unificarte con su fuerza,
a ampliar el campo de juego de tus posibilidades.
Paso a paso despierta la fuerza verdadera.

Siempre ahí, custodia la puerta divina.
Cuando estés preparado,
atraviésala.

Trasfondo

Seraphim Kamael es el poderoso «ángel guardián» de la puerta que conduce hacia la quinta jerarquía. Recibe el nombre de rayo de la voluntad divina. La voluntad divina está representada por los hasta ahora conocidos catorce Elohim.

Es el reino de Geburah, el reino de los poderes invisibles, también llamados Exousai y dirigentes del mundo. Los poderes celestiales de este plano realizan con la ayuda de la voluntad divina verdaderos milagros. Curan a enfermos, resucitan muertos, anulan leyes de la naturaleza, etc. Infunden valor y fuerza ahí donde más se necesita. Dirigen los movimientos del sistema solar y pueden intervenir en el curso del mundo.

Su expresión es la fuerza de voluntad divina y la fuerza de la perfección. Cuando sean conscientes de este plano divino, los iniciados podrán crear a partir de este manantial de fuerza, sin tener que transformarla. Han desarrollado en su interior esta »vibración» y pueden hacer uso directo de esta fuerza.

Cada fuerza tiene su repercusión en la Tierra. Microcosmo igual a macrocosmo. Tan solo aquel cuya conciencia se haya refinado tanto que sea capaz de alcanzar este plano podrá dejar que esta luz lo traspase. Podrá realizar todos los llamados «milagros» que tienen lugar sobre la Tierra. La fuerza de voluntad divina es una fuerza estimulante, inductora. Es el escalón del «guerrero espiritual».

Significado de la carta

Si te encuentras ante Seraphim Kamael en la puerta del reino de Geburah, puede ser este un indicio de que tú debes activar de una manera consciente tu fuerza de voluntad. También el camino hacia la «fuerza de voluntad perfecta» comienza con un primer paso. Seraphim Kamael te acompaña al lugar en el que se encuentra esta fuerza.

Cuando quieres algo, entonces envías una fuerza. Le das a esta fuerza una determinada orientación. Si, por ejemplo, deseas pegar un salto, entonces envías una fuerza a tus piernas antes de que te impulsen hacia arriba. De este modo durante un espacio de tiempo corto tu fuerza de voluntad consigue ser mayor que la fuerza de la gravedad. Esto significa que la fuerza de voluntad habita también en ti. Sé consciente de ella. Tu fuerza de voluntad es consumida por dos factores: tiempo y espacio. Si pudieses intensificar y almacenar tu fuerza de voluntad en tu interior, serías capaz de aguantar mayor tiempo en el aire y saltar incluso más alto. Podrías incluso flotar. Pero, para llegar a esto, es necesario que seas consciente de esta fuerza. De esta manera conseguirás que te traspase la fuerza de voluntad divina superior poco a poco. Este es el camino que conduce a la meta.

Todas las personas poseemos fuerza de voluntad. Pero ¿la utilizamos conscientemente? Observa cómo con ayuda de tu fuerza de voluntad eres capaz de levantar un brazo, mover la cabeza, orientar tus pasos en una dirección que quieres seguir. Cómo puedes influenciar por medio de ella tus pensamientos y tus sentimientos.

Seraphim Kamael te invita a utilizar esta fuerza de forma consciente. Conviértete en el creador de tu vida. La fuerza de voluntad es una fuerza que nos otorga Dios. Es tu fuerza motora. No te lamentes por las circunstancias de tu vida. Tú las has elegido y no puedes cambiarlas. Si tú no aprovechas tu propia fuerza de voluntad, dirigirán tu vida otras personas y tu subconsciente. Cualquiera que no utilice esta fuerza, será vencido y se convertirá en una pelota de juego para las otras fuerzas que lo rodean.

Dirige tu fuerza de voluntad en la dirección de la luz y permite que los milagros cotidianos te acompañen. La voluntad y una concentración permanente en tus deseos son la llave para encontrar el camino hacia la meta y el éxito. Aprovecha esta fuerza que te ha otorgado Dios para estructurar tu vida. Después continúa creciendo.

El mensaje de Kamael dice: SI NO ERES TÚ, ¿QUIÉN SI NO? ESTATE SEGURO QUE SI TÚ TE AYUDAS A TI MISMO, TE AYUDARÁ DIOS.

Ritual

❀ *El viaje* ❀

Busca un lugar y un momento en el que nadie te moleste. Adopta una postura que te permita sentirte cómodo durante cierto tiempo. Respira profundamente. Cuando espires, fluirá de ti toda la tensión acumulada durante el día. Con cada bocanada de aire que aspires recargarás nueva fuerza de vivir. Sientes cómo poco a poco te vas retrayendo. Seraphim Kamael te pide que entres en el reino de Geburah.

A través de la poderosa energía que irradia este reino, te darás cuenta que ha llegado el momento de dejar tras de ti determinadas circunstancias que ya no se encuentran en consonancia contigo. Respiras profundamente, aúnas tu valor y tu fuerza. Durante un momento recapacitas. Entonces te ves a ti mismo en la situación en la que te encuentras en este momento y te preparas para el viaje. Ya desde hace tiempo tienes en mente una nueva meta, has desarrollado nuevas perspectivas de futuro. No hay fuerza en el mundo capaz de retenerte. Con esta decisión sientes la inmensa energía de tu voluntad.

Preparas una caravana con todas las cosas que quieres llevar en tu viaje. Pides a las personas que deseas como compañeras de viaje que se preparen. Sin embargo, aceptas el hecho de que decidan de diferente manera que tú. Cuando tengas todo preparado, mira otra vez a tu alrededor. Asegúrate de que has empacado todo lo que resulta necesario para ti. Todo aquello que no te sirva, déjalo. Pide que te guíen y que te protejan. Entonces descubrirás en el cielo una estrella que luce con gran intensidad. Intuitivamente sientes que se trata de tu guía en el camino que vas a emprender. Te despides, te inclinas hacia delante e intentas asimilar todo aquello que has aprendido de este lugar y de estas circunstancias. Sientes que este tiempo ha transcurrido. Percibes la despedida, pero sabes en tu interior que lo correcto es marcharse.

El viaje comienza. Ninguna duda, ninguna mirada hacia atrás, ninguna lamentación te torturan. La mirada dirigida hacia delante y la concentración puesta en el siguiente paso te dan la seguridad para alcanzar tu nueva meta. Con la concentración centrada en tus pasos comienzas a ir hacia delante en tu vida. Tu estrella te guía en la oscuridad. Paso a paso dejas el pasado tras de ti. Con la atención dirigida en el presente, sientes ya la clara llamada del futuro. Tu camino te lleva por encima de montañas, a través de valles, de paisajes frondosos y de áridas estepas. Pero nada puede perturbarte o hacerte dar marcha atrás. Tu voluntad está concentrada en la dirección de tu meta. Así reconoces los signos, los postes indicadores y las circunstancias que te guían.

Llegas. El lugar es más bello y rico de lo que jamás podías haber imaginado. Te sientes lleno de alegría y de gratitud. Es hora de parar. Tú sabes que lo has conseguido. Ahora ha llegado el momento de celebrarlo y de ser feliz. Miras hacia atrás. El camino te ha enriquecido. Has profundizado más en tu verdadera fuerza. El entorno nuevo se ajusta más a ti. Ha llegado el momento de quedarse. En la oscuridad miras lleno de amor hacia la estrella. Te guiña. Se ha convertido en tu aliada. Te quedas hasta que de nuevo un día salga de lo más profundo de tu alma una voz que te invite a partir de nuevo.

Afirmación

Lo divino y mi fuerza de voluntad forman un equipo invencible.

Haschmalim Zadquiel
Misericordia, compasión

Reconoced las leyes de lo eternamente vigente,
la verdad de la luz superior.
No sentenciéis,
y no seréis sentenciados.
No maldigáis,
y no seréis malditos.
Perdonad,
y se os perdonará.
Dad,
y os será dado.
Una medida plena, apretada, colmada
y superflua os será entregada en vuestro regazo.
Tendréis riqueza y exceso.
Porque todo lo que deis volverá hacia vosotros.
Todo lo que liberéis, también se verá liberado en vosotros.

249

Porque con el rasero con el que midáis
se os medirá a vosotros.
Por lo tanto, enviad la luz de la felicidad al mundo.
(según Lucas 6, 37-38)

Trasfondo

Haschmalim Zadquiel (también se escribe Tsadkiel) es el guardián del reino Hesed, que pertenece a la cuarta jerarquía de Dios. Es el reino de la misericordia y de la gracia, que se le atribuye a Júpiter. La cuarta jerarquía pertenecía a la segunda tríada* y se denominaba «el reino de los dominios». Estas fuerzas regulan el universo en su totalidad. Poseen una grandeza y un poder inimaginables. También se les conoce con el nombre de Kyriotetes o dirigentes del mundo. Son las fuerzas divinas activas de la sabiduría en activo. Aquí se encuentra según la literatura esotérica más moderna «El consejo superior del karma»**. El karma es la ley de la causa y del efecto más allá de la muerte. En la Biblia esta ley viene expresada de la siguiente forma: «Lo que sembréis es lo que recogeréis».

En Hesed se registra todo aquello que sucede en la Tierra. Este es también el dominio de la llamada «Crónica - Akasha»***. A esta crónica pertenecen el karma del hombre, el karma de los pueblos, el karma de los países, el karma de los grupos y el karma personal, que se ha ido formando a partir de una serie de vidas anteriores. Cuando el hombre está dispuesto a reconocer y emprende el camino de la maestría, comenzará a disolver este karma que él mismo ha creado. Todo aquel que regresa y que empieza a reconocer y a darse cuenta, aunque sea en el último segundo de su vida, experimentará la gracia y la misericordia de la fuerza divina. Pensemos en este punto en la crucifixión de Jesucristo y en el pecador que dice la verdad. Jesús le responde: «En verdad te digo que hoy estarás conmigo en el Paraíso».

---

* Véase el apartado «La Cábala».
** El consejo del karma está constituido por seres angelicales superiores que velan por los actos de los hombres y los registran.
*** Crónica del mundo astral sobre todos los acontecimientos, actos y pensamientos de cada persona de esta tierra, del que vive aquí o del que ha vivido. Aquí se registra cualquier suceso.

Significado de la carta

Si a través de Zadquiel llega a ti la llamada del reino de Hesed, significa que ha llegado el momento de detenerse. La vida de manera inesperada te tiene preparados regalos y oportunidades. ¿Estás preparado? Aquí puedes girar al compás de la rueda de tu fortuna. ¿En qué dirección debe continuar ahora tu viaje? En este momento puedes disolver antiguos asuntos y liberarte de ellos. Has llegado al punto en el que estás preparado para preocuparte por tu felicidad, independientemente de la opinión del mundo exterior.

Si alcanzas este punto, desarrollarás conciencia y amor. Has reconocido los tesoros que hay en tu interior. Estás preparado para perdonarte a ti mismo, pues Dios ya te ha perdonado. Ahora no dirigirás tu atención hacia el comportamiento de otros, sino hacia ti mismo y hacia tu desarrollo. La luz se ha hecho fuerte en ti. Te llevas a ti mismo. Aquí puedes despojarte de las últimas cargas del pasado, respirar y experimentar la fuerza de la gracia divina. Tu última prueba es la confianza y la fe en esta fuerza divina. Los obstáculos del pasado quedaron atrás. Déjalos ahí.

Ejercita el estar Aquí y Ahora, el dejarte llevar por el momento y el reconocer las indicaciones divinas que te conducirán por sí solas hacia la felicidad. No ya tu razón, sino un Yo superior te guiarán. A través de la fuerza divina podrás ver cumplidos los deseos más profundos que anidan en tu corazón. Da un paso adelante. Si tienes algún «tropiezo» en el camino, reconoce la sabiduría en él, perdónate a ti mismo y no te detengas más que lo necesario. Así aparecerá la felicidad a tu lado.

El mensaje de Zadquiel dice: Tu vida te será regalada, lo que hagas con ella será responsabilidad tuya.

Ritual
❈ La Rueda de la Fortuna ❈

Búscate un lugar y un tiempo para estar tranquilo. Adopta una postura en la que te sientas cómodo durante un tiempo largo. Tranquilízate espirando y aspirando un par de veces en profundidad. Al espirar abandona tu vida cotidiana y deja que fluya la calma en tu interior al aspirar.

Te encuentras ante la puerta de Hesed. Allí vigila Haschmalim Zadquiel. Pides que te permitan entrar. Zadquiel abre la puerta. Una luz azul-violeta sale a tu encuentro. Aquí necesitas protección y que te guíen, pues la fuerza de este reino es muy poderosa. El ángel te guía. Caminarás hacia atrás en tu vida, sin embargo tú la percibes ahora desde otro ángulo de visión. Actos que realizaste de todo corazón lucirán de una manera clara hacia ti, aun cuando tu entorno no reconoció lo que hiciste, sí, incluso a pesar de que se burló de ti. Actos que llevaste a cabo para justificarte ante los demás, aunque sin una convicción interior, aparecen como agujeros negros.

Sorprendido, observas los acontecimientos. Te das cuenta que la luz y la oscuridad siguen unos criterios muy diferentes a los que tú pensabas: si tu amor y tu fuerza se esconden tras tus actos, estos irradiarán una luz clara, como si fueran puntos de luz brillantes. Si te encuentras alejado de ti mismo, aparecerán agujeros negros. La alegría, las risas, el infundir alegría en los demás, pero en situaciones en las que guardas valerosamente las distancias de determinadas cosas, que tu corazón no considera que sean buenas, lucen con una fuerza especial.

Poco a poco comprendes a tu fuerza. Reconoces que siempre que te sigues a ti mismo, a tus cualidades y a tu talento, y siempre que expresas las convicciones de tu corazón, la suerte anda cerca de ti. En este reino aprendes que tú mismo puedes crear el cielo en la Tierra. Esto lo consigues no abandonándote a ti mismo, sino queriéndote, respetándote y reconociendo aquello que das. Recibirás la llave para una vida feliz.

Aralim Zafquiel

Razón, entendimiento

El camino del examen
hacia la maestría
ha iniciado su curso.
Escala las montañas,
hacia lo alto de la cima,
hacia la profundidad de los valles.
Concentración
en el siguiente paso hacia la luz,
acompañado por la fuerza divina.
Siempre un paso delante del siguiente
caminas despierto
hacia el reino de lo desconocido.
Bajo la guía y la protección de lo divino
se forma el puente del arco iris,
entre los mundos y más allá del tiempo.

Trasfondo

Aralim Zafquiel (también se escribe Tsafquiel) es el guardián del reino Binah, que se atribuye a la tercera jerarquía divina y a Saturno. Es el dominio de los Tronos*. Han sido descritos en las jerarquías celestiales. Según los relatos de Elías y Enoc, los tronos son como el carbón candente, como antorchas que se cruzan entre el querubín de la segunda jerarquía. Constituyen el primer círculo alrededor de Dios.

En este reino se trata de las fuerzas de la razón. En los países de Occidente se le suele dar una importancia exagerada a la razón. Es cierto que a través de ella llega la fuerza divina al mundo, pero ella es su sirviente. Las funciones de la razón son supervisar, analizar, descomponer, diferenciar, aclarar, disgregar, analizar las cosas desde diferentes puntos de vista, sopesar, reconocer, etc. El hombre tiene una razón, pero él no es la razón. El hombre es mucho más que la suma de sus pensamientos. La razón es una instancia vigilante. Como un vigilante que vigila la frontera y que tan solo en el mejor de los casos permite el paso de fuerzas superiores para que puedan regir en el mundo. La razón puede ser manipulada por otras influencias. La fuerza divina nunca se deja manipular.

Si el hombre quiere emprender el camino hacia la luz, resulta positivo centrar las fuerzas de la razón inferior en Dios. A ello nos ayudan, por ejemplo, cánticos, mantras, canciones cristianas, afirmaciones, oraciones, textos de maestros, meditaciones, etc. En resumen, todas las formas a través de las cuales las fuerzas divinas pueden ser activadas y conservadas. De esta manera la razón es dirigida hacia las fuerzas superiores del universo. Se convierte así en un puente entre Dios y el hombre. Esta es su auténtica función.

Significado de la carta

Aralim Zafquiel te enseña que tú tienes tres niveles de entendimiento, de la razón. Tu subconsciente, tu conciencia y tu «supraconciencia» o el yo superior. La pregunta es: ¿De qué nivel te dejas llevar o guiar?

---

* Véase el capítulo «Las Cábalas».

Si rige tu subconsciente, te impulsarán tus deseos y tus ambiciones. Si actúas a partir del nivel medio de la razón, entonces piensas y sopesas los diferentes factores que te influyen. Estos factores serían, por ejemplo, los conceptos y las convicciones espirituales de cómo debe ser el mundo, las personas que te rodean, las opiniones y las corrientes que en el momento están de moda, etc. Tú te dejas llevar por la masa. Si en algún momento actúas según tu razón superior, sucederán a veces cosas que para el mundo exterior resulten incomprensibles. Tú actúas desde una convicción profunda, desde un conocimiento profundo. Ya sea que fumes, pues sabes que es bueno para la atmósfera y para tu bienestar. O, por ejemplo, el hecho de que tengas repentinamente la sensación de tener que visitar a alguien. O que tomes una decisión que aparentemente se contradice con «el sano razonamiento humano», etcétera. Considera tu razón superior como un yo totalmente fiable y consciente. Si tu razón se convierte en dominante, no se doblega a la creación, puede ser el mayor obstáculo en el camino hacia el manantial divino.

Observa a partir de qué nivel de tu entendimiento se llevan a cabo tus acciones. Aun cuando haya que superar determinados impedimentos en el camino hacia la meta, son imprescindibles la constancia, la disciplina, la concentración, la capacidad de aguante y la resistencia. Descubrirás cuál es la medida de tu fuerza verdadera si concentras tu mirada interior en la meta y si sigues el camino. La razón te sirve en este camino como puente. Aquí también encuentras las propiedades más importantes con las que tú mismo llegarás a la maestría.

Aralim Zafquiel te dice: TÚ CREAS LO QUE PIENSAS Y SIENTES.

Ritual

❁ *Visita al convento* ❁

Busca un lugar y un tiempo para estar tranquilo. Adopta una postura que te permita sentirte cómodo durante un tiempo más largo. Alcanza un estado de calma, espirando y aspirando un par de veces profundamente. Al espirar trata de dejar tras de ti tu vida cotidiana y permite que fluya la tranquilidad hacia ti al aspirar.

En la puerta de Binah debes primeramente reposar, respirar profundamente y llegar a ti. Aralim Zafquiel ya te espera. Quiere consagrarte en las fuerzas inconmensurables que habitan en ti. Tú estás preparado y atraviesas el umbral de la puerta. Ves un paisaje rocoso, cubierto de nieve. Al principio te sientes algo inseguro y no sabes lo que te espera ahí. En la distancia ves un convento en el que se refleja la luz del sol. Comienzas a andar. Tu camino te guía a través de rocas y senderos peligrosos, imperturbablemente hacia este lugar. Tú te sientes protegido, porque sabes que los ángeles están contigo.

Llegado al convento, te espera ya la primera prueba. Debes esperar tres días delante de las puertas del convento para poder descubrir si ese es verdaderamente tu camino. Tus pensamientos comienzan a girar. ¿Qué significa todo esto? ¿Qué hago aquí? ¿Por qué debo exponerme a todo esto? Tus necesidades ya quieren tomar posesión de ti. Pero tú te has decidido a emprender ese camino y superar las pruebas que estén relacionadas con él. El silencio y el paisaje homogéneo te hacen sentir bien. Percibes muy dentro de ti que estás en el lugar correcto. Has aprendido a confiar en las circunstancias. No es una casualidad que te encuentres en este lugar. Incluso aunque tu razón no se pueda explicar tu estancia en este lugar.

Al tercer día te dejan entrar. Los monjes son muy amables y compasivos. Sus ojos poseen un brillo inexplicable. Resultan plenos. Tú te preguntas cuál será su secreto. Te preguntas cómo pueden estar satisfechos prescindiendo de cosas de las que tú dependes tanto. Se despierta tu curiosidad.

Se te muestra tu habitación. Se trata de una celda sencilla con una cama. Te proporcionan un hábito sencillo de monje. Tus pensamientos dan vueltas, giran formando un arco en tu vida y regresan de nuevo al lugar en el que te encuentras en ese momento. El ritmo del convento te empieza a fascinar. A pesar de que los monjes se levanten a las cinco de la mañana para reunirse su estado de ánimo es siempre pacífico y alegre. Aquí aprendes a dominar a tu razón. Realizarás ejercicios que te permiten retraerte. Al principio te resultará difícil. Dudas y luchas contigo mismo. Pero los demás te apoyan. No te das por vencido. Con disciplina ejercitas controlar tus pensamientos y detener tu forma de pensar. Silencio.

Vas profundizando cada vez más en ti. Te das cuenta que muchas cosas que creías necesitar de manera imprescindible no las echas de menos en absoluto. Notas que después de algunas «montañas rusas» tu estado de ánimo interior se va pacificando. Sientes los pensamientos, las miradas y los gestos alentadores y positivos de los demás. Te sientes aceptado e integrado. Pese a todo, tú estás aquí por ti mismo.

Aprendes a conocer tus altibajos. Sientes tu estado interior y cómo este se adapta al mundo exterior. Aprendes a entenderte y a quererte. Aprendes a refrescarte y a sumarte a la gran corriente. El mundo exterior no puede desligarte de ti mismo y de tu fuerza interna. Incluso las cosas cotidianas en este lugar se han convertido en un ejercicio silencioso. Tú las resuelves en un recogimiento totalmente interno.

Tú eres llamado. Has alcanzado el primer peldaño de la maestría. Pero aún hay muchos peldaños y pruebas. Gracias a tu fuerza, tu disciplina, tu concentración y tu resistencia has alcanzado la primera etapa y has ganado mucho en ello. Agradecido por la estancia en este lugar, atraviesas la puerta y retornas a tu vida. Has adquirido un punto de vista más profundo de aquello que se llama vida. Tus ojos irradian luz y satisfacción.

Afirmación

«Paz, quédate en silencio y que sepas que soy Dios.»

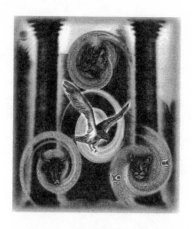

Ophanim Rasiel
Sabiduría, estabilidad

Al principio era la palabra, y la palabra estaba en Dios.
Dios era la palabra. Lo mismo estaba al principio en Dios.
Todas las cosas están hechas por lo mismo,
y sin eso mismo no estaría hecho, nada de lo que está hecho.
En él estaba la vida, y la vida era la luz del hombre.
Y la luz luce en la oscuridad,
y la oscuridad no lo ha comprendido.
Él era la luz verdadera,
que ilumina a todos los hombres que llegan a este mundo.
Él estaba en el mundo, y el mundo está hecho a través de lo mismo;
y el mundo no lo reconoció.
A todos aquellos que acogía,
a todos les daba poder de convertirse en hijos de Dios,
que creen en su nombre.

(Juan 1, 2-12)

Trasfondo

Ophanim Rasiel es el guardián del reino Chockmah que pertenece a la segunda jerarquía de Dios y al planeta Neptuno. Significa Iach, «Dios, la palabra». En este dominio actúan los querubines poderosos. En la Edad Media se les describió como los «ángeles guardianes» y los «conductores de la carroza» de Dios. Conforman la «carroza del trono», sobre la cual se cernía Dios desde el cielo hacia la Tierra. Se les describía como portadores de cuatro alas que se movilizaban de un lado para otro como ruedas de fuego. En la historia de la creación, según Moisés, podemos leer que los querubines se convirtieron en los guardianes del Paraíso después de que Adán fuera expulsado.

A los querubines se les ha descrito igualmente como cuatro caras divinas que envían el espíritu de Dios, que es capaz de atravesarlo todo, desde el centro hacia los cuatro puntos cardinales. La mayoría de las veces vienen representados simbólicamente como un águila, un toro, un león y un hombre (Acuario). Esta expresión divina se puede encontrar en todo aquello que ha sido creado. A pesar de que irradia a partir del centro se manifiesta de forma diferente en cada una de las cuatro direcciones, como, por ejemplo, cuatro puntos cardinales, cuatro vientos, cuatro estaciones del año, cuatro cuerpos inferiores, cuatro elementos básicos, etc. El dominio de las cuatro revelaciones le confiere al hombre autoridad y estabilidad.

Significado de la carta

Ophanim Rasiel te recuerda el significado de la palabra pronunciada. Las palabras que dices, son la expresión de tu fuerza y de tu alma. Todo lo que tú dices habla también de ti, de tus convicciones, de tus puntos de vista y del concepto que tienes tú del mundo. Las palabras pueden amar, las palabras pueden hacer daño. Tú no eres responsable de las palabras que viertan otros al mundo. Pero sí que lo eres de las palabras que salen de tu boca. La palabra hablada tiene poder.

Con frecuencia en nuestra vida utilizamos la fuerza de las palabras sin pensar. Si causamos daños, no podemos dejar de darle la importancia que merece y además podemos aprender de ello. Tenemos la posibilidad de aprender del pasado y de mejorar nuestro futuro.

Si te encuentras en una situación en la que se te desafía, puedes guardar silencio, recogerte y pensar sobre la situación y empezar a hablar cuando lo tengas todo claro. Este es un arte nada fácil. Una palabra pronunciada con la fuerza del corazón tiene mucho poder. En una era en la que estamos sometidos a una constante avalancha de información, en ocasiones esta fuerza pasa desapercibida.

Rasiel se dirige a ti a través de esta citación de la Biblia: Cielo y tierra pasarán, pero mis palabras quedarán (Lucas, 21, 33).

Ritual
❀ *En el centro del huracán* ❀

Busca un lugar y un momento que te permitan estar tranquilo. Escoge una postura con la que te sientas cómodo durante cierto tiempo. Cálmate espirando y aspirando un par de veces profundamente. Deja que tu vida cotidiana te abandone mientras estás espirando y permite que la calma te inunde mientras estás inspirando.

Te encuentras delante de la puerta del reino Chockmah. Ophanim Rasiel es el guardían de esta puerta. Pides que te dejen entrar. La puerta se abre. Una fuerte ráfaga de aire te envuelve y te lleva con toda su fuerza hacia el centro del huracán. Aquí reina la calma. Observas cómo el viento sopla a tu alrededor. Te encuentras amparado, rodeado por una luz clara que te proporciona seguridad.

Esperas en silencio. Sientes la mano de un ser etéreo que te atraviesa, sobre tu hombro. Ophanim Rasiel está detrás de ti. Te ofrece una espada dorada. Es el símbolo del espíritu. Te invita a batallar, a luchar por la vida. Al principio dudas. Sus ojos te iluminan y tú sabes que esto es un juego. Comienzas a batirte con la espada. Al principio totalmente indefenso e inmaduro. Te sientes como la víctima de los ataques de tu hipotético contrario. Te preocupa lesionarte y tienes la sensación de tener que defenderte continuamente. En esa indefensión eres tú el que hiere. Sin embargo, Ophanim Rasiel es un maestro en el manejo de esta fuerza. Es uno con ella. Él sabe cuándo entran en juego el desafío, el envite o simplemente cuando se debe esperar o mantener la calma. Él te enseña la fuerza de los cuatro vientos. Las cuatro caras de Dios.

Cuanto más tiempo ejercites tu habilidad con la espada, mejor aprenderás a coordinar tu fuerza con la fuerza de la espada en tu mano. Tus golpes serán más fuertes y certeros. Finalmente, conseguirás que la espada y tú seáis uno. Tú te darás cuenta de cuándo ha llegado el momento de intervenir y de qué forma. Todo comienza a resultarte divertido. Ya no sientes el peligro de que te hieran o de herir. Porque tú también sientes cuándo es hora de parar.

Cuanto más tiempo ensayes y aprendas de los combates anteriores, más profundamente actuarás desde el centro de tu fuerza. Ganarás perspectiva y perspicacia. Empiezas tú mismo a ser el maestro. Sientes mayor agilidad y habilidad en el manejo de la espada dorada. También se producen un mayor número de pausas, de momentos de calma y silencio entre cada uno de los combates. Cuanto más avance tu maestría, más podrás percibir, respetar y amar al maestro que hay enfrente de ti. El maestro se inclina ante ti. Os habéis conocido.

La ráfaga de viento te lleva de nuevo ante la puerta de Chockmah. Entiendes la fuerza de tu espíritu y la utilización de la palabra con toda claridad. Una vez que has regresado a tu vida cotidiana, ensayarás a encender esa fuerza en ti.

Metatron

Fuerza creativa, expresión

YO SOY la presencia divina,
la venerable voz de la creación.
YO SOY la luz divina viva en activo.
Mis poderosas fuerzas
le confieren forma al amor.
Yo soy el que todo lo sabe,
el último peldaño de la consagración
y de la sabiduría.
YO SOY el fuego candente de tus frutos,
que no proceden del origen verdadero.
Despierta la auténtica fuerza de tu espíritu creativo
a través de tu relación conmigo.
Aprende el baile con los elementos
y el cantar de la creación.
Tú también puedes interpretarlo.

Trasfondo

Metatron es el arcángel que se encuentra en la corona del cabalístico Árbol de la Vida. Vigila el reino Kether que pertenece al planeta Uranio. Se le considera en «La llave del Enoc* «como «el manto de Shaddai» (manto de Dios/manto de la luz viva).

Es uno de los arcángeles más enigmáticos. Así, por ejemplo, el origen de su nombre tan solo puede ser deducido vagamente: Metatron podría proceder del término griego «Metathronios», que significa «el que ocupa el trono al lado de Dios». En legados cristianos apenas existen indicios sobre Metatron, aunque según las afirmaciones de la Cábala es este, sin duda alguna, el ángel de mayor rango. Él domina a las poderosas fuerzas creativas del universo.

A Metatron nos lo podemos imaginar como una figura angelical gigantesca, majestuosa, de grandes dimensiones, rodeada de tormentas, truenos y rayos. Su cara irradia una claridad deslumbrante como el sol, porque él mira directamente al semblante de Dios. Los puntos de luz que de él se desprenden generan legiones de ángeles. Según «La llave del Enoc», es el creador del electrón y del mundo exterior. Este reino también es descrito como un presente poderoso del YO SOY.

Significado de la carta

Metatron te recuerda que hay que respetar a la creación en todo aquello que te rodea. También dirige tu atención hacia tu propia fuerza creativa, hacia tu creatividad interior. Esta te es dada como ser humano de la creación.

Te invita a unirte a esta fuerza y a pensar en aquello en lo que aún nadie ha pensado, ambicionar cimas que nadie ha alcanzado, a cantar una canción, un tono, que nadie haya cantado aún, realizar movimientos que nadie haya realizado todavía, hacer descubrimientos que nadie ha hecho, emprender un camino que aún nadie ha andado.

Te invita a convertirte en creador conjunto de la vida, a desarrollar facultades desconocidas y a partir hacia nuevos puertos. Crea a partir del amor profundo y de la alegría de crear. Pero al mismo tiempo te advierte que no debes crear nada que

---

* Véase apéndice.

pueda causarle daño a otros seres. ¡Elige de forma sabia! Todo aquello que no sirva a la vida, más tarde o más temprano se destruirá a sí mismo, ya que no tiene posibilidad alguna frente a las fuerzas originales de la creación.

Metatron te dice: No hay nada que debas hacer. El camino consiste en: ser, hacer, tener.

Ritual
❀ *El viaje hacia el mundo de la creación* ❀

Busca un lugar y un tiempo en el que puedas estar tranquilo. Escoge una postura que te permita sentirte cómodo durante cierto tiempo. Cálmate espirando e inspirando profundamente un par de veces. Deja que tu vida cotidiana te abandone mientras estás espirando y permite que la calma te inunde mientras estás aspirando.

Al principio Dios creó el cielo y la tierra. La tierra estaba desierta y vacía y en las profundidades todo estaba en penumbra; y el espíritu de Dios flotaba sobre el agua. Y dijo Dios: ¡que sea la luz! Y la luz se hizo. Y Dios vio que la luz era buena. Entonces Dios diferenció la luz y la oscuridad (1. Moisés, 1-5).

Y Dios habló: Dejad a los hombres crear una imagen que sea igual a nosotros, los que dominamos sobre los peces en el mar, sobre los pájaros bajo el cielo, sobre el ganado, sobre toda la tierra y sobre todos los gusanos que se arrastran sobre la tierra. Y Dios creó al hombre a su imagen y semejanza, y a su imagen, Dios lo creó a él y a ella, a un hombre y a una mujer. Dios contempló todo lo que había creado, y vio que todo era bueno (1. Moisés, 26-28).

Cuando llegues a la puerta de Kether, no temas. Metatron vigila esta puerta. Su energía es inmensa, poderosa como una corriente que te arrastra con fuerza. Su fuerza es gigantesca, caliente y te lleva a arrodillarte delante del proceso de la creación. Reconocerás la expresión del amor en su grandeza y en su versatilidad. Es como si de nuevo estuvieras unido a una parte mayor de ti. La puerta se abre y con gran fuerza eres lanzado en medio de la nada.

Aquí estás ahora. Un paisaje indescriptible espera que tú lo describas. Aquí te encuentras en un reino que ya ha sido visitado por muchos seres humanos: Tesla,

Newton, Leonardo da Vinci, Jesús, Isis, Mozart, etc. Genios y descubridores de todos los tiempos y de todas las épocas, mujeres y madres pertenecientes a todas las culturas, locos, sabios, yoguis, chamanes, artistas, poetas, músicos y combatientes de guerra, etc. Numerosas personas han encontrado en este reino sus inspiraciones. Le han regalado algo al mundo, han preparado nuevos caminos, han impulsado la evolución, han configurado la historia de una manera vital.

Este reino también está abierto a ti. Su fuerza vive en ti. Desconocida, expectante. En ocasiones es el rayo de un espíritu el que te trae la revelación. A veces es necesario recorrer largos caminos en el espacio y en el tiempo para descubrir en ti la fuerza creativa. En ocasiones tan sólo es una inspiración en tu vida cotidiana, ayuda creativa en la necesidad, lo que os proporciona fuerza a ti y a tu entorno.

Metatron te invita a vivir tu fuerza creativa, a crear algo nuevo, a traer alegría, paz, genialidad, libertad y amor. Las puertas de este reino están abiertas para ti. Atraviésalas cuando la chispa de la inspiración te alcance y a continuación regresa a tu vida cotidiana. Aquí podrás despertar lo desconocido y lo nuevo con ayuda de resistencia y paciencia.

Aloha van Daath
(Tetragrámaton)
Lo invisible/la nada/el vacío

La fuerza de la mano vacía
el desvanecimiento de la ilusión en el reino de la nada,
que todo lo abarca.
Allí donde el día es igual a la noche,
el amor igual al odio,
la montaña igual que el valle,
rico igual a pobre,
abajo igual que arriba
está el entendimiento del poder,
que todo lo recorre y que, sin embargo, no es.
Aprende a escuchar la voz del silencio
para entender lo que resulta incomprensible.
Porque tú también eres un hilo en la red del
infinito, que está tejiendo la alfombra de la vida.

Trasfondo

Aloha van Daath, que en algunas escuelas de misterios recibe el nombre Tetragrámaton, pertenece al reino Daath. Este es el reino de lo invisible, pero a pesar de todo existente. El planeta al que se atribuye este reino es Plutón. En muchas representaciones cabalísticas este reino ni siquiera viene representado. De esta manera se pretende expresar su fuerza: no está presente y, sin embargo, está aquí. La tradición del zen se ocupa exclusivamente de la nada, de la fuerza de este reino. Las artes marciales asiáticas como el yudo, aikido, kárate, etc., se basan fundamentalmente en esta fuerza. Su perfeccionamiento es un arte superior encaminado a «convertirse en un dios».

La fuerza de la nada es una corriente que sigue a la inconsciencia colectiva. Se trata de la fuerza que impulsa hacia delante la evolución. A través de ella se producen saltos de cuantos, cambios repentinos y cambios de dirección en la sociedad del hombre. También se denomina «campo morfogenético»: esto se refiere a un campo que se forma a partir de la nada, en el que es recogido todo —cada pensamiento, cada sentimiento, cada palabra que sale del hombre.

Como consecuencia de estas energías que emanan del hombre, se desarrollan nuevas direcciones y corrientes. Se forman campos perturbados y ocurren cosas imprevistas. Esto sucede porque este campo no está aún muy experimentado y el hombre como individuo no ha alcanzado la conciencia suficiente para intervenir en la creación de la «energía universal», es decir, para colaborar en la creación del gran plan. Sin embargo, los místicos, los magos, los chamanes, las mujeres sabias, los maestros, etc., se sirven de forma específica del tremendo poder de este reino. La magia negra es en este caso la utilización de la fuerza apropiada pero con fines equivocados. En consecuencia, el poder justo actúa de manera errónea.

En los nuevos tiempos se habla frecuentemente de «alcanzar a la masa crítica». Con ello se pretende decir que la energía en este campo aumenta a través de la fuerza del amor y de esta forma puede ocurrir repentinamente algo completamente nuevo. Cada vez son más las personas se hacen conscientes de la dimensión espiritual.

Significado de la carta

Aloha van Daath te lleva al reino de la fuerza oculta de la nada. Aquí no hay nada y al mismo tiempo hay de todo. Comienza con el amaestramiento de esta fuerza. Existen corrientes a las que tú como hombre estás sometido, de las que constituyes una parte, en las que tú a través de tus actos puedes ejercer influencia, quizá sin que llegues a ser consciente de ello. Esto se ve con mayor claridad en el comportamiento de grupos, en las normas de la sociedad, en las constelaciones familiares, etc. Ahí no puedes actuar con tu energía. Incluso un ermitaño que se haya aislado de todo y de todos, tiene su sitio y forma parte de un gran todo. Aquí hay que ocuparse de las fuerzas que actúan: intentar fortalecer las fuerzas positivas, buenas, y poco a poco disolver las fuerzas represoras. Plantéate las siguientes preguntas: ¿Qué fuerzas he traído yo conmigo? ¿Qué sentimientos, pensamientos y palabras son palabras que salen de mi corazón, de mi convicción y cuáles he recibido del exterior?

Con Aloha van Daath comienza la disolución de nuestras propias controversias y convicciones. «Yo pienso, pero no soy mi pensamiento. Yo siento y, sin embargo, no soy mi sentimiento. Yo actúo, pero no soy mi acto. Yo vivo, y no soy mi vida.» ¿Quién o qué piensa, actúa, siente y vive a través de mí? ¿Qué fuerzas actúan en mí?

La fuerza de la nada que atraviesa todo, influye en todo. Tú actúas con ella. Se te recordará que tú también tejes la alfombra de la vida. Comienza a estructurar tu vida y a reconocerte a ti mismo.

Aloha van Daath te envía el mensaje: Beneficiarse de la fuerza de la nada significa seguir al poder que está contigo.

Ritual
❦ *El espacio vacío* ❦

Busca espacio y tiempo. Intenta estar plenamente consciente antes de atravesar el umbral del reino de Daath. Aloha quien recibe también el nombre de Tetragrámaton ya te está esperando. Te abre la puerta de este reino. Caerás en la nada. Ningún espacio, ningún tiempo, ninguna ilusión, ningún pensamiento, ningún sentimiento, no hay existencia. Es indescriptiblemente grande, se desvanece y al mismo

269

tiempo resulta imposible alcanzar su magnitud. Tú existes y al mismo tiempo no existes.

Te encuentras en un espacio infinito entre dos mundos, el mundo de lo visible y el mundo de lo invisible. En un vacío infinito. Todo es contradictorio y, sin embargo, aquí se solucionan todas las contradicciones. Aquí todo es posible y, sin embargo, imposible. No resulta fácil asimilar la fuerza de este reino, ya que esta fuerza es inalcanzable. Aloha está a tu lado. Viaja contigo hacia el mundo de lo invisible.

Aquí puedes observar cómo cada pensamiento posible e imposible, cada sentimiento, cada palabra, cada imaginación se dibuja en éter y va adquiriendo una forma propia. Es el reino que tú reconoces en tus sueños. Aquí existen las formas más altas y también más bajas de la expresión humana, que en algún momento han fluido a través del espíritu del hombre. Cada forma se desvanece si no es tenida en cuenta. Pero si es recargada con energía (a través de sentimientos y de pensamientos), comenzará a latir y desarrollará una vida propia. Cuantas más personas recarguen una forma, más fuerte será la corriente de fuerza que generan. Aquí existe todo. Todos los hombres están unidos a través de esta fuerza invisible. Comienza a buscar a través del éter su correspondencia con el mundo de lo visible y se manifiesta en el espacio y en el tiempo. Cuanto más fuertemente haya sido recargada, con mayor claridad se mostrará en la densa oscilación de la materia.

Tú reconoces que el juego de fuerzas entre el bien y el mal comienza en el mundo invisible, antes de que se materialice en el mundo visible. Te darás cuenta que el mundo visible no es más que una expresión del mundo inalcanzable, invisible y de las corrientes de fuerza que ahí se crean. Reconocerás que gracias a la fuerza de tu condición humana posees increíbles facultades. Te das cuenta que la fuerza divina se muestra a través del espíritu divino. Comprendes que la oscilación lenta y densa del espacio y del tiempo te sirve para probar y ejercitar esa fuente de posibilidades ilimitadas sin causar daño alguno. Eres absolutamente responsable de la expresión de tu fuerza. ¿Vives el amor o el miedo? ¿Te dejas llevar, influenciar, manipular? ¿O manipulas tú la verdad? La fuerza te ha conmovido.

De nuevo te encuentras en el reino Daath. ¡Nada es! Sin embargo, con esta fuerza todo es posible. De nuevo regresas a tu vida. Aquí puedes transformar los conocimientos que lleguen a ti.

Ángeles de la oscuridad
Miedos

Nosotros, el lado oscuro de la luz,
estamos ahí para probarte.
Innumerables son nuestros matices y nuestros nombres.
¿Te dejas seducir, deslumbrar,
amedrentar, asustar, distraer?
¿O utilizas el encuentro con nosotros
para fortalecer tu luz?
Nosotros tiramos de ti, te engullimos,
jugamos con tus emociones y
nos alimentamos de tu imperfección.
No nos gusta la luz, la misericordia, la presencia divina.
Queremos tu energía.
Nos escondemos en las esquinas oscuras
de tu alma y nos extendemos,
cuando tu luz se oscurece.

Trasfondo

Desde siempre el hombre ha estado sometido a pruebas. Las fuerzas del bien y del mal son desde hace tiempo temas que han acompañado y preocupado a la humanidad. Hermas, doctor de la Iglesia durante el segundo siglo, escribió en sus doctrinas que a cada persona le acompañan siempre dos tipos de fuerzas: una fuerza buena, que le vigila, y una fuerza mala, que lo pone a prueba y lo intenta hacer caer en la tentación. A través de sus actos el hombre fortalece bien una u otra de las dos fuerzas. Si al final de su vida luce con mayor fuerza la luz que la oscuridad, entonces el alma del hombre será conducido por encima del precipicio hacia las «regiones eternamente divinas». Si, por el contrario, domina la penumbra, el alma del hombre será arrastrada hacia los abismos eternos.

Por lo tanto, en el hombre actúan fuerzas contradictorias. Lo someten a prueba cada minuto de su vida. Cada persona tiene una voluntad libre. Esta voluntad es la que decide cómo debe actuar en cada situación. Puede actuar desde la comodidad, la desidia, en prejuicio de la creación o bien desde lo más profundo de su corazón, pese a que esta opción resulte en ocasiones difícil. Por lo tanto, depende de cada uno cómo supervise o controle sus palabras, sus sentimientos, sus actos y sus pensamientos.

Dios creó el cielo y la Tierra. La existencia o el concepto de infierno apareció, sin embargo, con el transcurso del tiempo a partir del hombre: hoy en día vemos que debemos enfrentarnos y luchar con las energías que nosotros mismos emitimos; lo que bien puede corresponderse con lo que conocemos por «infierno», cuando no somos conscientes de ello. Otra definición asegura que el infierno es el distanciamiento de lo divino; cuanto más alejados estemos de Dios, más oscura se volverá nuestra existencia.

Significado de la carta

Estás obligado a estar expectante. Los demonios están ahí. No preguntan. A ellos les da igual lo que tú quieras. Tan pronto como la luz de tu alma se oscurezca, son atraídos y comienzan un juego desagradable. Los reinos de las sombras conocen muchas y diferentes posibilidades de ejercer su influencia sobre ti. Tiran de ti, intentan instigarte, asediarte y se ríen maliciosamente y llenos de satisfacción por el mal ajeno, riéndose de cada palabra y de cada acto, que fortalece la fuerzas oscuras.

Los ángeles oscuros te piden tu energía. Puedes percibir las fuerzas de la oscuridad cuando sientas como te aspiran la energía o cuando sientas una presión en la zona del estómago, cuando pierdas tu agilidad, cuando te sientas pesado y cansado, cuando no puedas pensar con claridad y te agobien sensaciones negativas.

A los demonios los reconocerás en emociones como el odio, el miedo, la ira, la cólera, la avaricia, la codicia, la desidia, la pereza, la comodidad, el miedo, la desconfianza, los sentimientos de culpabilidad, la violencia, la presunción, la duda, la mentira, el engaño, el cotilleo, la manipulación, el abuso de poder, la equivocación, etcétera. También a través de los sentidos pueden ser percibidas las fuerzas de la oscuridad, como, por ejemplo, a través de olores que se dirigen hacia el interior, como el desagradable olor a basura o a aguas fecales, voces, disonancias, campos oscuros, etc.

Entonces debes actuar inmediatamente: retírate de los acontecimientos. Establece contacto con la luz divina y llama a los ángeles de la luz para que te ayuden. Descubre qué es aquello que te está torturando. Ambiciona el cambio. Pide aquello que necesites en ese momento. Tan pronto como te hayas comunicado con las fuerzas de la luz, los demonios comenzarán a intranquilizarse y emprenderán la huida. Sé consciente de que estás sintonizando la frecuencia de tu vida. Si rezas con el corazón, estarás utilizando el medio más fuerte de la luz. En cualquier situación difícil, peligrosa es aconsejable relacionarte con lo divino y fortalecer tu luz.

Los ángeles de la luz te dicen: No tengas miedo. Llámanos y estaremos contigo.

Ritual
❀ *Balance* ❀

Busca un espacio en el que puedas estar un tiempo solo, sin que nadie te moleste. Colócate delante de un espejo y examínate en detalle. Formúlate las siguientes preguntas:

¿Soy la imagen de una persona con éxito, feliz, o soy la imagen de alguien que ha fracasado? ¿Doy una imagen ejemplar a una persona bendecida por la vida, o resulto más bien sombrío y triste? ¿Qué papel interpreto en el escenario de la vida?

¿Suelo sentarme o andar encorvado o me mantengo erguido, como si llevase una corona? ¿Los músculos de mi cara dibujan arrugas que denotan preocupación, o mis mejillas se alzan como cuando esbozo una sonrisa? ¿Tengo un comportamiento cordial y cariñoso con respecto a los demás o es más bien agresivo y antipático? ¿Qué sentimientos irradio? ¿Son sentimientos que denotan serenidad y felicidad o, por el contrario, se trata de pensamientos oscuros? Son mis actos producto del amor o de la falta de amor? ¿Soy ese tipo de persona que me gustaría conocer y tener por amigo?

Decídete por cuál debe ser el papel que quieres interpretar en tu vida. Cuando hayas tomado una decisión, comienza el trabajo. Preocúpate siempre por aquello que deseas en la vida. Comienza a dejar irradiar tu luz y estructura tu vida, de tal manera que te sientas bien. Perdona las circunstancias del pasado, ellas te han convertido en lo que eres ahora.

Con el tiempo las fuerzas de la oscuridad perderán su facultad de asustarte. Tan solo las considerarás como pruebas que encuentres en tu camino y te enfrentarás a ellas como tales. Cada prueba que superes en tu camino te fortalecerá.

Oraciones

Pido a la fuerza divina,
fortalece la luz en mí con la energía de mil soles.
Déjame iluminar.
Haz que desaparezcan todas las sombras
de la oscuridad y del pasado.
Ahora y por todos los tiempos.

o:

Amada luz, déjame liberarme de las sombras del pasado.
Yo perdono con la fuerza de mi corazón.
Déjame avanzar hasta que la brillante luz del día
ilumine mi camino.
Dame la fuerza.

Lucifer
Codicia, orgullo, presunción

¡Cómo te has caído del cielo,
tú, brillante lucero del alba!
¡Cómo te has precipitado hacia la Tierra,
opresor de los pueblos!
Quizá en tu corazón decías:
yo quiero subir al cielo
y elevar mi trono por encima de las estrellas de Dios
y sentarme sobre la montaña de la concentración
en el norte más externo.
Quiero alcanzar la altura de las nubes,
ser igual al más Alto.
¡Pero te has caído a los infiernos,
a la tumba de las profundidades!
(Isaías 14, 12-15)

275

Trasfondo

El nombre de Lucifer significa «El que trae la luz». Este era el ángel más brillante y perfecto entre todos los ángeles que Dios creó para su glorificación. En la Biblia se dice: él era la imagen de la perfección, lleno de sabiduría y bello en desmedida. En el Edén, en el jardín de Dios, aparecía adornado con piedras preciosas de todo tipo. Con sardo, topacio, diamantes, turquesas, ónice, jaspe, zafiro, malaquita, esmeraldas... Era un querubín brillante, reluciente... Pero como su corazón se elevó, debido a que se creía tan bello y por haber derrochado su sabiduría en todo su esplendor, por ello se ha precipitado al suelo... (Ezequiel 28, 12-17).

Lucifer no se contentaba con asumir el papel se servidor de Dios. Ambicionaba dominar el cielo al lado de Dios. Se atribuyó la máxima autoridad. Así comenzó a pecar de orgulloso y presuntuoso. Ambicionaba apropiarse de aquello que no le correspondía. De esta manera se produjo un conflicto en el cielo. El conflicto entre los ángeles que le guardaban fidelidad a Dios y aquellos que se habían puesto al lado del rebelde. Día a día pugnaban los poderes del mal con las fuerzas del bien. Pero ambas habían surgido de la misma fuerza, de la fuerza divina.

A los «seguidores» de Lucifer les quedan dos caminos abiertos: volver a emprender el camino hacia Dios después de haber reconocido por ellos mismos su error, o convertirse en una parte destructora del mal, que finalmente se destruirá a sí misma, ya que no puede resistir la eternidad ni lo divino.

Las fuerzas del Lucifer son las fuerzas del ego. Se manifiestan en forma de un egoísmo total, de medias verdades en beneficio propio, de vanidad, de presunción, de orgullo, de petulancia, de querer saber todo mejor que nadie, de ladrones de energía. Una persona de este tipo tiene que ser punto de atención, no acepta la opinión de los demás, sino a sí mismo. Coloca su luz divina bajo la fanega del ego. No siente la verdadera fuerza de su corazón. Envía fuerzas negativas al mundo para causar daño a los demás y enaltecerse a sí mismo.

Significado de la carta

Lucifer es la fuerza que afirma de sí mismo que su luz luce con mayor claridad que la luz divina. Con esta carta te encuentras con una fuerza que te pone a prueba. A través de la caída de Lucifer de lo divino ha surgido el ego. Aquí se trata del juego de fuerzas entre el ego y el ser uno mismo. La luz propia es situada por encima de la luz divina, consiguiendo así reducir sus propias posibilidades. Las fuerzas superiores no pueden fluir a través de él. El hombre queda atrapado en sí mismo y permanece solitario.

La avaricia, la codicia, la presunción, la petulancia y la sobrestimación de uno mismo son ejemplos de «fuerzas de Lucifer». Llevan a que una persona se aísle y a que opine que puede subsistir sola en un mundo en el que todo, todo en absoluto, está relacionado entre sí. Debido a este comportamiento, el hombre se ha causado a sí mismo y a la creación grandes daños. Ha conseguido crear fronteras inquebrantables, ambición de poder, el robo, la escasez, el abuso, etc., y piensa tan solo en el poder y en el enriquecimiento. También llama a Ahrimán otra fuerza demoniaca para que siga su plan. El hombre se castiga de esta manera a sí mismo. ¿Pero qué ocurre cuando un hombre poseído por la fuerza de Lucifer se acerca a la muerte? Las camisas de los muertos no tienen bolsillos. ¿Qué se llevará al mundo espiritual? En el fondo él mismo ha truncado su proceso de aprendizaje y se ha encadenado a la materia.

Las fuerzas de Lucifer son poderosas, porque conocen a Dios, aunque no quieren reconocer esta fuerza y entrar en el mundo divino. Quieren dominar, poseer y ser portadores de la única verdad. Reconoce estas fuerzas. Comienza a conjurarlas si no quieres que te atrapen en sus redes. Detenlas.

El mensaje de las fuerzas que actúan contra Lucifer: Tu ERES UNA PARTE DE UNA FUERZA MUCHO MÁS GRANDE Y EXTENSA.

Rituales

❖ Liberación de la condena del ego en la fuerza de Lucifer ❖
Reconocimiento del Samuray

Yo no tengo padres; que el cielo y la Tierra sean mis padres.

Yo no tengo poder divino; que la integridad sea mi poder.

Yo no dispongo de medios; que el afecto sea mi medio.

Yo no tengo una fuerza mágica; que sea la fuerza interior mi magia.

Yo no tengo ni vida ni muerte; que sea la eternidad mi vida y mi muerte.

Yo no tengo planes; que la oportunidad sea mi plan.

Yo no tengo milagros; que el camino sea mi milagro.

Yo no tengo principios; que la capacidad de adaptación sea mi principio.

Yo no tengo amigos; sea el espíritu mi amigo.

Yo no tengo enemigos; la distracción sea mi enemigo.

Yo no tengo armadura; el bienestar y la integridad sean mi armadura.

Yo no tengo una fortaleza; el espíritu inmóvil sea mi fortaleza.

❖ Conjuro ❖

Para conjurar y hacer desaparecer la fuerzas de Lucifer, enciende una luz. Llama a la fuerzas divinas: el arcángel Miguel y sus legiones te pueden ser de ayuda en tu lucha contra Lucifer (véase la descripción de la carta del «Arcángel Miguel»).

Imagínate que la luz de lo divino fluye libremente dentro de ti. Irrádiala hacia el mundo. El camino para conseguir solucionar los enredos en los que nos vemos inmersos discurre a través de la voluntad de ceder, dar, pedir, regalar tu amor al mundo, escuchar...

❖ El encuentro con la muerte ❖

Imagínate que tu ángel de la guarda se encuentra delante de ti, porque se ha consumido tu tiempo de estar en la Tierra. Abandonas tu ropaje terrenal. Él te acompaña ahora de manera segura al reino espiritual. Te coge de la mano para repasar contigo tu vida pasada. Estás completamente solo con tu ángel de la guarda. Contemplas tu vida desde una perspectiva superior. ¿Qué es lo que desde esa perspectiva consideras más importante? ¿Qué ha sido lo más bonito? ¿Has vivido tu vida dejándote llevar por tus instintos? ¿Qué te llevas de las experiencias y conocimientos de tu vida?

Ves imágenes, escenas de tu vida que proceden del momento actual y que van hacia atrás, hacia tu nacimiento. Cuando hayas visto transcurrir ante ti toda tu vida, analiza qué podrías haber hecho de manera distinta, qué es lo que te gustaría volver a vivir de una forma más intensa... Cuando hayas finalizado tu proceso, el ángel de la guarda te tomará de la mano y te devolverá de nuevo a la Tierra. Volverás de nuevo a tu cuerpo. Cuando hayas llegado allí, vuelve a retomar tu vida.

Cambia aquello que después de haber analizado tu vida anterior te gustaría cambiar. Deja que tu luz fluya en el mundo. La vida es más que aquello que el concepto material deja vislumbrar.

Ahrimán

Enmascaramiento, desidia, manipulación

Estoy aquí, estoy ahí, estoy en todos los sitios.
Te ciego con mi luz.
¡Te seduzco!
Coloco mi huella más profunda y densamente
en el camino de la materia.
Ven y sígueme,
porque yo te conozco y llevo tu suerte
ante ti.
Dirige tu mirada hacia fuera,
crea cada vez más ilusiones nuevas.
De manera más brillante, mayor, mejor, más rápidamente.
Habla de la suerte
que encuentras
con este y con aquel.
¡Tú necesitas mucho

y eso no es suficiente!

Sin todo esto tu vida no es nada.

¡Sígueme!

Paso a paso, suave y secretamente,

voy pellizcando las capas de tu alma, hasta que ilumine mi luz.

Entonces me pertenecerás completamente y no te darás cuenta.

Si me sigues, algún día sucederá así.

Trasfondo

Ahrimán es una denominación que procede de la antroposofía. Con este nombre se designa al poder del contrario, del enemigo, que en la historia de la humanidad juega un cierto papel. Este poder ha ganado en fuerza desde la expulsión del Paraíso. Le hace creer al hombre que el mundo espiritual carece de importancia.

Ahrimán es la figura que ciega, seduce y manipula. Su fuerza actúa en aquellas personas que en su vida se dejan llevar, guiados por estímulos externos. No se deciden por nada, se dejan engañar, siguen la corriente de la opinión general. Deambulan entre dos luces. A través de su capacidad de cegar, esta fuerza adquiere su poder sobre las personas. Impide que el hombre desarrolle las auténticas fuerzas de la naturaleza divina. Se deja cegar y confía en la ilusión. Espera encontrar la felicidad poseyendo esto y aquello. Persigue cada nueva corriente que procede del exterior, con la esperanza de encontrar ahí la vida interesante, estimulante, que desea ardientemente. Cuando su deseo se cumple, cuando ha encontrado lo más nuevo, lo mejor, disfruta durante un corto tiempo de aquello que ha conseguido. Pero pronto aparecerán el aburrimiento y la insensatez. Estas son las sensaciones de las que se nutre Ahrimán. La caza en el exterior continúa.

Poco a poco el hombre va cayendo en las manos de Ahrimán, quien no se cansa, quien ríe burlonamente mientras el hombre anhela nuevas ilusiones de encontrar algo «bueno, más bonito, todavía mejor, todavía más bonito» en el exterior. Esto sucede en todos los ámbitos (material, emocional, intelectual, espiritual) y en todas las formas imaginables. Ahrimán va reduciendo poco a poco la energía y la «fuerza oscilante» del hombre. Él exige la cesión lenta de la fuerza personal del hombre al mundo exterior, a otras personas, a un guru, a los cinco sentidos, a los egos negativos, a un dogma, etc. Cuando la fuerza personal del hombre haya sido reducida al mínimo, los demonios de la oscuridad, Satán, el príncipe de la oscuridad, comenzarán su juego. Las fuerzas de la oscuridad trabajan codo a codo, al igual que las fuerzas de la luz.

Significado de la carta

Las pretensiones de Ahrimán persiguen atar tu fuerza verdadera, pedacito a pedacito. Él quiere que aparezcas pálido y pequeño en la claridad del mundo. Su meta consiste en proporcionarte aburrimiento e insensatez y catapultarte desde el centro de tu fuerza a un espacio vacío. Pretende mantener tu mirada dirigida hacia el mundo exterior, para generar en ti sentimientos de envidia, impotencia, insensatez, conciencia de víctima, sensación de escasez, irritabilidad y pérdida de energía. Reconoce esta fuerza y conjúrala paso a paso.

Ahrimán siempre está aquí, silencioso. Te susurra al oído: «Todavía necesitas esto y aquello. Si no lo consigues, no alcanzarás la felicidad en tu vida. Mira aquí, mira ahí, la señora/el señor fulanito/a es mejor que tú. Te falta todavía todo esto para alcanzar la felicidad absoluta. Si tienes esto y aquello, entonces te acercas más a esta felicidad. Sí, esfuérzate en ello. Concentra toda tu atención en permitirte esto y aquello. Lo necesitas, de lo contrario no podrás ser feliz bajo ningún concepto. Sí, sujétalo fuerte, cada vez más y más. Aférrate. Yo te guío. La vida, si no, no tiene sentido. La felicidad está en tu mano. Si verdaderamente quieres ser feliz, compra, compra, consume. Vive, baila, déjate seducir, hasta que caigas. Y entonces serás MÍO».

Existen infinitas variaciones de ilusión y de ofuscación. Los juegos de los que Ahrimán hace uso con tu fuerza son versátiles y ricos en matices distintos.

El mensaje de los ángeles que te protegen de Ahrimán dice: ¡No os equivoquéis! Dios no permite que se burlen de él. Porque lo que el hombre siempre será lo que recogerá. Quién siembre sobre su carne, cosechará la carne de la perdición. Pero quien siembre sobre el espíritu, cosechará el espíritu de la vida eterna (Gálatas, 6).

Rituales

❀ Ralentizarse ❀

Si tienes prisa, entonces toma un atajo. ¡Recapacita! ¡Tómate tu tiempo! Sobre todo cuando algo o alguien te atosiga. Por ejemplo, el amor siempre tiene tiempo. Si alguien te provoca, desaparece, esquívalo. Da una respuesta cuando te hayas aclarado a ti mismo. Asume la responsabilidad de todo aquello que hagas, que pienses, que sientas, y de tus actos. De esta manera le restarás fuerza al viento que sopla y mueve las velas de Ahrimán.

❀ Perdonar el pasado ❀

Enciende unas velas de color violeta. Dirígete al arcángel Zadquiel del rayo violeta (véase la descripción de la carta «Arcángel Zadquiel»). Él es la fuerza que transforma el pasado. Libérate de viejas cargas. La vida empieza mirando hacia delante. Tómala como es y hazlo con toda la fuerza del corazón.

❀ Dirigir la mirada hacia el interior ❀

Siente, percibe, tómate tiempo, sopesa. Deja que tu luz interior ilumine fuerte y clara. Considera las fuerzas de Ahrimán como una prueba en el sendero encaminado hacia el autorreconocimiento.

Satán

Odio, destrucción, oscuridad

Yo odio, Yo destruyo,
Yo asusto, Yo atemorizo,
Yo no siento nada.
Fríos, negros y profundos
son los abismos de mi ser.
Yo te guío
al abismo de tu alma,
te empujo
a la tenebrosa soledad de la oscuridad.
No me asusto de nada.
Mi obra consiste en torturar, destruir, descomponer, disolver,
generar más y más sufrimiento.
Yo soy el demonio.
La enfermedad, el dolor y las torturas del alma
son el elixir de mi vida.

Legiones de demonios están a mi servicio.
Están expectantes
a la luz de mi alma que se va oscureciendo.
Entonces comienza
su juego satánico.

Trasfondo

Satán es la maldad sin más. Él es la expresión del odio, de la ira, de la destrucción, de la oscuridad, de la ambición de poder, de las enfermedades graves, de la limitación, de la estrechez, de lo perecedero, etc. Él genera miedo y temor. En la revelación podemos leer: «Una señal apareció en el cielo: un enorme dragón rojo de fuego con siete cabezas, diez cuernos y que portaba sobre sus cabezas siete diademas. Su cola arrastraba una tercera parte de las estrellas del cielo y las lanzaba sobre la Tierra».

Mientras que los ángeles utilizan su poder para conseguir el bien, Satán, sin embargo, o el diablo, lleno de odio hacia Dios y hacia los hombres, persigue las causas exclusivamente malignas. Dios podría haber destruido esta fuerza, pero en su infinito amor y bondad permite que estas fuerzas rijan sobre la Tierra. Son fuerzas del mal pero no por ello dejan de ser un medio, un estímulo para alcanzar la perfección moral. De esta manera, Satán es considerado contra su voluntad como un fuerza oscura que forma parte del plan de curación del alma humana. Este infierno que se crea a partir del él es una naturaleza construida por el propio hombre. El auténtico infierno consiste en el distanciamiento de Dios. Una vida marcada por la frialdad, la oscuridad y el desconcierto.

Satán es el príncipe del infierno. Los ángeles que se unieron a él se convirtieron en demonios. Estos demonios nos buscan por encargo de Satán y nos traen enfermedades graves, sufrimientos y golpes duros del destino. Pero no son invencibles. Temen a Dios y a la luz. El alma del hombre puede, siempre y cuando quiera, deambular por los oscuros confines. Se va a destruir a sí misma, apagando su propia luz poco a poco, a no ser que recapacite y emprenda el camino de vuelta. A través de las fuerzas de la oscuridad se nos da la oportunidad de elegir uno u otro camino o de deambular por los mundos intermedios.

Significado de la carta

Satán es la fuerza más siniestra del mundo material. Él es la oscuridad. Se manifiesta en los acontecimientos más oscuros, a través de enfermedades graves, golpes del destino, guerras, catástrofes de diverso tipo. Sentimientos satánicos son, por ejemplo, veleidades de poder de la más baja calaña, frialdad en el contacto con los demás, la siembra de la duda, de la destrucción, de la disgregación, etc. Él es la fuerza que invierte todo su poder en trabajar contra lo divino.

No obstante, lo divino-espiritual es infinito, sin embargo, la fuerza satánica es perecedera. En algún momento se llega a desvanecer en la luz de lo divino. Estas fuerzas rigen en el mundo material. Son simultáneamente nuestros enemigos más provocadores y, por otro lado, nuestros mayores maestros. A través de ellos podemos fortalecernos. ¿Cómo voy a querer saber lo que significa estar saciado si no conozco el hambre? ¿Cómo es posible que valore la salud si no conozco la enfermedad? ¿Cómo puedo considerar mi vida como algo valioso si no he visto la muerte de cerca? ¿Cómo voy a conocer el significado de la colectividad si no conozco la soledad? A través de las fuerzas de las contradicciones conseguimos aprender. De nosotros depende el que elijamos vender nuestra alma a Satán o que crezcamos a su lado y nos hagamos fuertes. Por medio de él podemos convertirnos en maestros de la vida y despertar conscientemente en Dios.

En la mayoría de los casos rigen las fuerzas de la oscuridad cuando atravesamos épocas difíciles, cuando nos sentimos cansados, débiles, lesionados. Pero estas fuerzas actúan durante un tiempo limitado. Entonces deben partir para siempre. En estos momentos difíciles hay que aguantar, resistir con la mirada dirigida hacia la luz, emprender el camino a través de los valles y gargantas de la noche. Hasta que la luz eterna alumbre de nuevo nuestro camino.

Acepta esta enseñanza. Descubre la misericordia de los tiempos oscuros, desarrolla humildad y agradecimiento. Convierte el miedo en tu aliado. Puede ser tu medicina y tu fuerza.

El mensaje de los ángeles que te acompañan durante estos momentos difíciles sería: TÚ ERES UN ALMA DIVINA QUE TIENE UNA EXPERIENCIA TERRENAL. Convierte el miedo en tu aliado en las épocas oscuras. Él es una medicina fuerte.

287

Ritual
❧ *La victoria de la luz* ❧

Si la fuerza satánica rige en tu vida, es conveniente saber que esta fuerza tan solo tiene un tiempo limitado. Cuando este tiempo ha expirado, esta fuerza desaparece para siempre. Cuando te visite sigilosamente el miedo durante la noche y te torture, tan solo podrá hacerlo hasta que aparezca el primer rayo del sol del día siguiente. Entonces habrá desaparecido el miedo totalmente, como si no hubiera ocurrido nada. Cuando los tiempos difíciles se ven ensombrecidos por la enfermedad, la separación o una catástrofe, en algún momento esta fuerza debe desaparecer, a no ser que tú la reavives de nuevo mediante la fuerza de tu espíritu o de tu aferramiento al pasado.

Sigue el camino. Da paso al cambio en tu vida. Tú mueres mil veces en tu vida y otras mil veces vuelves a renacer. Cada día toca a su fin. Cada año tiene un final. La vida es una continua despedida y un continuo comienzo. No te enfrentes a la vida. Cuando tengas que llorar, llora. Cuando quieras reír, ríe. Sigue a la vida.

Cuando se apoderen de ti las fuerzas de la oscuridad, entonces actúa. En la mayoría de las ocasiones estas fuerzas se hacen perceptibles en el plexo solar. Su sensación es parecida a una presión en la región del estómago. Cuando la sientas, enciende velas. Pide a los ángeles y a Dios que te ayuden. Pide a tu grupo de ángeles personal y a tu ángel de la guarda que ahora especialmente estén a tu lado. Envuélvete en luz. Llama al arcángel Miguel y a sus legiones para que corten los hilos oscuros de tu pasado. Confía en tu amigo. Conduce la fuerza del ángel Faith a tu centro, allí donde te sientas seguro.

Cuando Jesús fue puesto a prueba por Satán en el desierto dijo: «¡Vete Satán!», y entonces el demonio tuvo que huir. Tú también puedes utilizar esta afirmación. Enfréntate a la fuerza. Reconócela y échala. Ella teme tu luz y tu fuerza divina. También, por ejemplo, el incienso de salvia ahuyenta los demonios de la oscuridad, y los baños de sal te protegen de ellos.

Existen infinidad de posibilidades de conjurar esta fuerza a través de rituales, mantras, amuletos, cánticos, oraciones, etc. Lo importante, sin embargo, es que tú actives tus propias fuerzas. De esta manera aprendes a conocer y a vivir tu fuerza verdadera.

La autora

Jeanne Ruland viaja desde hace más de diez años como copiloto a través del mundo. En los numerosos países que ha visitado ha obtenido conocimientos muy diversos acerca de las diferentes facetas de la creación, otorgando su amor al sentido y a lo absurdo de la vida. Ya a edad temprana sintió lo que son el destino y las directrices del reino invisible y, de esta manera, la increíble plenitud y fuerza que deparan al hombre las tan diversas circunstancias que vive a lo largo de su vida. Esto es lo que la autora pretende transmitir a los lectores a través de su libro.

La ilustradora

Iris Merlino fue durante varios años miembro activo de un grupo estudiantil metafísico. Esto le proporcionó sus conocimientos y su vinculación con seres angelicales, maestros celestiales y fuerzas naturales. Ya desde su infancia demostró su interés por el dibujo y la pintura, y a lo largo de los años desarrolló un estilo personal que está claramente marcado por sus conocimientos. El deseo de acercar a los hombres la fuerza y la ayuda de los seres divinos, le ha movido a visualizar estas energías para traer, de esta manera, la curación y la esperanza a los hombres.

El libro

A través de la fuerza inspiradora y llena de luz de los ángeles, la vida del hombre puede ser más vital, clara y feliz. Los ángeles son fuerzas divinas muy efectivas que conducen y guían a toda la creación. Acompañan al hombre desde el origen de los tiempos. Nosotros podemos invocarlos en nuestra vida experimentando de esta manera posibilidades jamás imaginadas, nuevos caminos y adquiriendo profundos conocimientos. A través de 56 cartas, informaciones, métodos de echar estas cartas, fuentes reproductibles, rituales de gran belleza, invocaciones llenas de fuerza y oraciones, estos seres divinos se integrarán pronto en la vida de aquella persona que se interese por ellos y le ayudarán a progresar y a llegar alto. Conviértase también usted en testigo de la efectividad de este «potencial celestial» y permita que estas fuerzas divinas lo acompañen en su vida cotidiana, lo protejan y sean fuente de su inspiración.